OLDENBURG

MARCO SAGURNA/JÖRGEN WELP

WEITERE REISEFÜHRER AUS UNSERER REIHE

Braunschweig • Erfurt • Chemnitz • Halle (Saale) • Hildesheim • Jena • Magdeburg • Die Weinstraße Saale-Unstrut • Burgen in Sachsen-Anhalt • Wittenberg – Dessau – Wörlitz. Die UNESCO-Welterbestätten

mitteldeutscher verlag

Der Oldenburger Schloßplatz nach der Neugestaltung

TOP-TIPPS

AUGUSTEUM

Eines der ältesten öffentlichen Galeriegebäude in Deutschland. Das Augusteum gehört heute zum Landesmuseum für Kunst und Kulturgeschichte Oldenburg und beherbergt die Sammlung Alte Meister. S. 81

LANDESMUSEUM NATUR UND MENSCH

In einer modernen Ausstellungsarchitektur wird durch die gemeinsame Präsentation naturkundlicher und archäologischer Exponate der Natur- und der Kulturraum des Oldenburger Landes in besonderer Weise erlebbar. S. 83

ST.-LAMBERTI-KIRCHE

Die historische Hauptkirche Oldenburgs beherrscht mit ihren fünf Türmen das Stadtbild. Ihre Baugeschichte und der Gegensatz zwischen Außenbau und Innenraum machen die Kirche zu einem ganz besonderen Ort. S. 30

SCHLOSSGARTEN

Als Oase inmitten der Stadt Oldenburg lädt der historische Schlossgarten zur Erholung ein. Der englische Garten des 19. Jh.s lässt leicht vergessen, dass er von städtischem Treiben umgeben ist. S. 54

LEFFERSECK

Am Lefferseck stoßen Lange Straße und Achternstraße wieder aufeinander, nachdem sie am Markt ihren Ausgang genommen haben. Hier trifft man sich und bummelt durch die Fußgängerzone mit ihren netten Geschäften. S. 44

ENTDECKER-TIPPS

GERTRUDENFRIEDHOF

Als einzigartiges Ensemble aus historischen Grabdenkmälern und Grabkellern, der mittelalterlichen Gertrudenkapelle und dem herzoglichen Mausoleum gehört der Gertrudenfriedhof zu den schönsten Orten der Stadt. S. 71

STADTMUSEUM OLDENBURG

Wer mehr über die Stadtgeschichte Oldenburgs erfahren will, ist in den drei Villen des Stadtmuseums genau richtig. Außerdem gibt es hier spannende Einblicke in die großbürgerliche Wohn- und Sammelkultur um 1900. S. 71

DOBBENVIERTEL

Das vornehmste Wohnviertel Oldenburgs lädt mit seiner gründerzeitlichen Bebauung zu Spaziergängen rund um den Cäcilienplatz ein. Hier begegnet man auch dem als „Oldenburger Hundehütte" bekannten Haustyp. S. 54

EDITH-RUSS-HAUS FÜR MEDIENKUNST

Das auf eine Stiftung der Oldenburger Lehrerin Edith Ruß (1919–1993) zurückgehende und nach ihr benannte Haus für Medienkunst ist eine sehr besondere, wenn nicht gar in Deutschland einzigartige Kunstadresse. S. 61

WALLSTRASSE

In Oldenburg ist gut Ausgehen, besonders in der Wallstraße. Die vielen Restaurants der Stadt können internationale wie regionale Küche, in den Cafés verlocken köstliche Überraschungen und in den Kneipen ist gut Absacken. S. 46

WILLKOMMEN IN OLDENBURG

Ja, die Menschen hier haben zu ihrer Stadt ein sehr persönliches, ein zärtliches Verhältnis. Und sie lieben Oldenburg, so wie es ist. Wenn hier Veränderungen gegenüber also eine gewisse Dickköpfigkeit gepflegt wird, ist das gar nicht böse gemeint. Dass Neuerungen eher misstrauisch beäugt werden, liegt am vorhandenen Lebensglück. Das Zuhause ist weitgehend unbeeinträchtigt; Kultur, Unterhaltung und Sport gibt es satt, blühende Bildungslandschaften sowie einen recht abwechslungsreichen Arbeitsmarkt. Wie sollte es da noch schöner, noch behaglicher, noch besser werden? Alle Jahre wieder bestätigen Umfragen: Die Menschen in Oldenburg gehören in Deutschland zu denen, die sich an ihrem Wohnort am wohlsten fühlen.

Was ist so besonders hier? Was ist anders? Um unsere Eindrücke zu ergänzen, haben wir herumgefragt und viele Antworten bekommen: „Urbanität trifft auf Naturerlebnis: Morgens bummeln, mittags klönen auf dem Wochenmarkt – und schon eine halbe Stunde später kann man mit dem

Rad auf der Woldlinie üppige Rhododendren bewundern, während auf den Weiden am Weg die Pferde grasen und das neue Kälbchen der West-Highland-Herde seinen ersten Frühling genießt."

Wer mal keine Menschen und Häuser um sich haben will, ist also schnell im Grünen. Aber auch in der Stadt hält man es gut aus: „Was meine Freunde von auswärts an Oldenburg so nett finden, sind die vielen kleinen Läden mit individuellem Sortiment und das Ambiente. In den Innenstadtlagen der Großstädte gibt es so etwas kaum mehr."

Nur sehr wenige Bomben fielen hier im Zweiten Weltkrieg, sodass man von recht viel historischer Bausubstanz umgeben lebt; in gewachsenen Strukturen, die sehr vorsichtig durch moderne Architektur kontrastiert werden. Bei aller Wertschätzung für die Substanz wird sensibler Wandel begrüßt, denn er schafft ein kreatives Klima und belebt: „Oldenburg ist eine zunehmend prosperierende Stadt, die bei aller Übersichtlichkeit wächst und sich entwickelt!"

Die Mischung macht den Zauber: „Oldenburg ist klein und groß

Oldenburger Gastlichkeit

und alles zwischendrin, ein bisschen übermorgig, ein bisschen vorgestrig, ein bisschen urban, ein bisschen ländlich. Das zusammen ergibt ein schönes Rosinenpicker-Szenario, man kann sich etwas heraussuchen und munter kombinieren." Das zieht junge Menschen an zum Studieren oder der Arbeit wegen. Familien siedeln über, ebenso wie lebenslustige Pensionäre. Und viele kommen auf Stadtbesuch. Kombinieren also auch Sie nach Ihren Wünschen, suchen Sie sich Ihre Rosinen heraus – auch aus dem, was wir in diesem Reiseführer zusammengetragen haben. Und falls Sie noch nie hier waren: Sollten Sie auf Ihren Erkundungen Ihr Auto benutzen: Achtung, Obacht, sachte, sachte! Egal bei welchem Wetter, die ganze Stadt fährt Rad. Überall und forsch. Und für Autos hält sie viele Parkplätze bereit. Auch überall. Nutzen Sie die, steigen Sie aus und genießen Sie. Herzlich willkommen!

VERANSTALTUNGS-KALENDER

JANUAR/FEBRUAR

Kabarett-Tage Von Mitte Januar bis Mitte Februar gastieren die Größen des politischen Kabaretts. www.kultur-nord.de

FEBRUAR/MÄRZ

Classic meets Pop Riesen-Show mit Künstlern, Rock-Bands, Chor und dem Orchester des Staatstheaters Oldenburg. www.classic-meets-pop.de/oldenburg

Voices Könner der Stimme bringen auf diesem Festival A cappella, Chanson, Hip-Hop, World Music, Jazz oder Literarisches. www.kulturetage.de

MÄRZ

Oldenburger Gartentage Die Weser-Ems-Halle ist Magnet für Gartenfreunde. www.weser-ems-halle.de

Auf dem Kramermarkt geht's rund

APRIL

Internationale Tanztage Oldenburg Alle zwei Jahre kommen Ensembles von internationaler Klasse ans Staatstheater. www.staatstheater.de/tanztage

MAI

Oldenburg kocht Top-Restaurants der Region präsentieren kulinarische Klasse. Auf dem Schloßplatz wird geschmaust, getrunken, geklönt. www.oldenburg-kocht.de

Oldenburger Classic Days Oldtimer zum Verlieben. www.oldenburger-classic-days.de

Oldenburg Stadtgärten Mitte Mai bis August gestalten Landschaftsgärtner Themengärten in der Fußgängerzone.

Nikolaimarkt Oldenburg Am Pfingstwochenende bietet dieser Markt hochwertigstes Kunsthandwerk. www.nikolai-markt.de

JUNI

Oldenburger Promenade Eine Eintrittskarte für drei Konzerte in der Innenstadt. www.oldenburger-promenade.de

JULI

Kultursommer Musik zum Mitschwingen, Theater, Kino, Literatur auf Open-Air-Bühnen, Ausstellungen und Ganztagsveranstaltungen.

AUGUST

Internationale Keramiktage Oldenburg Europäische Spitzenklasse aus Handwerk und Kunst der Keramik. www.werkschule.de/keramiktage

Oldenburger Stadtfest Vom letzten Donnerstag bis Samstag gerät die Stadt an zig Bühnen und zahllosen Ständen außer Rand und Band. www.stadtfest-oldenburg.de

SEPTEMBER

Nacht der Museen Am 2. oder 3. Samstag im Monat. www.nachtdermuseen-oldenburg.de

Weinfest Am 2. Wochenende kommen die Winzer auf den Schloßplatz. Verkostung und Beratung der Gäste stehen im Mittelpunkt. Dazu gibt es Live-Musik und kleine Speisen.

Plattart Ende September bis Oktober wird die niederdeutsche Kultur längs und quer durch die Disziplinen bespielt. www.plattart.de

Kramermarkt Jeder September klingt mit diesem wunderbar klassischen Jahrmarkt aus. Bis in den Oktober hinein ziehen Fahrgeschäfte, Buden und Attraktionen nachmittags die Familien und später das Feiervolk an. www.kramermarkt.info

Oldenburger Pferdetag Am 2. Sonntag geht's rund um das Pferd: Dressur, Ponyreiten, Pferdefußball und mehr. www.reiterverband-oldenburg.de

Internationales Filmfest Oldenburg Fünf Tage lang erstrahlen Glanz und Glamour der Kinowelt. Statt Schlaf gibt's Leinwand total, Dauerparty und Begegnungen mit der Filmszene. www.filmfest-oldenburg.de

OKTOBER

Oldenburg Marathon Der 3. Sonntag gehört den Dauerläufern. www.oldenburg-marathon.de

NOVEMBER

KIBUM Die Oldenburger Kinder- und Jugendbuchmesse ist die größte deutsche Messe ihrer Art. Elf Tage lang gibt's Neuerscheinungen, Lesungen, Vorträge, Workshops, Theater und Film. www.kibum-oldenburg.de

DEZEMBER

Lamberti-Markt Um das Rathaus herum bis hin vor das Schloss verbreitet dieser Weihnachtsmarkt wunderbare Adventsstimmung.

> **TIPP** Aktuelle Details unter www.oldenburg.de und www.oldenburg-tourist.de sowie bei der Tourist-Information (S. 139).

DIE ÜBERMORGENSTADT

Schlau sind sie in Oldenburg. So frisch und zupackend im Umsetzen zukunftsweisender Ideen, dass die Stadt sich für 2009 zusammen mit ihrer jungen, 1973 gegründeten Carl von Ossietzky Universität und ihrer inzwischen zur Jade Hochschule umbenannten Fachhochschule als „Die Übermorgenstadt" um den Titel „Stadt der Wissenschaft" bewirbt. So manche, die Oldenburg vor allem für nett, hübsch und gemütlich halten, finden das etwas zu nassforsch. Aber wer für die heute brandheißen Themen wie Energieforschung, Informationstechnologie und internationale Vernetzung schon zu Zeiten kämpfte, als dergleichen noch belächelt wurde, der darf zu Recht frecher sein als andere und wie im Märchen der Igel zum Hasen sagen: „Ick bün al dor!" („Ich bin schon da!"). Im Übermorgen eben. Kein Zufall also, dass der Stifterverband für die Deutsche Wissenschaft solche Tatkraft belohnt. Oldenburg gewinnt.

So fördert dieser Titel, der nicht die Forschungsleistung, sondern die beispielhafte Fähigkeit zur öffentlichen Vermittlung von Wissenschaft auszeichnet, die ohnehin schon guten Gene der Stadt. Dieses Jahr der Wissenschaften rückt daheim und fernab ins Bewusstsein, was man hier so alles bewegt. Als exzellent ausgezeichnet und gefördert ist die Hörforschung der Universität; kaum ein Hörgerät auf der Welt, in dem nicht Oldenburger Technologie steckt. Max-Planck-Forschergruppen beschäftigen sich mit dem Meer, ForWind, das Uni-Zentrum für Windenergieforschung, verknüpft seine innovativen Kräfte mit Bremen und Hannover; der Energieeinsparung widmen sich angehende Architekten und Bauingenieure an der Jade Hochschule. Die European Medical School der Universitäten Oldenburg und Groningen bietet eine in Europa einzigartige Medizinerausbildung über Ländergrenzen hinweg, qualifizierende Weiterbildung ermöglicht der Lifelong Learning Campus; das An-Institut OFFIS bündelt Informatikkompetenz.

Dass ein menschenfreundliches Übermorgen nicht allein auf technischen Fortschritt gründet, auch dem verleiht man Gewicht: In Oldenburgs Uni entstehen die Gesamtausgaben Carl von Ossietzkys und Kurt Tucholskys; die Karl-Jaspers-Medaille wird hier verliehen,

Jade Hochschule in der ehemaligen Artilleriekaserne

das Hannah Arendt-Zentrum hat das Werk der großen politischen Theoretikerin im Fokus. Und wie sehr es in dieser Stadt um Zukunft geht, darauf weisen auch die hoch angesehenen Studiengänge für angehende Lehrerinnen und Lehrer.

Man kennt sich in Oldenburg, die Wege sind kurz genug für beschleunigten Informationsaustausch. In solcher Atmosphäre gedeihen Ideenschmieden für das unternehmerisch berufliche Leben. Hier unterstützen sowohl die städtische Wirtschaftsförderung, das mehrfach prämierte TGO (Technologie und Gründerzentrum) als auch das GIZ (Gründungs- und Innovationszentrum) der Universität.

Solches Fundament zieht die Menschen an. Oldenburg wächst, hat inzwischen Osnabrück als drittgrößte Stadt in Niedersachsen abgelöst. Schon übermorgen werden hier mehr als 170.000 leben.

DAS KULTURLEBEN

In Oldenburg ist Kultur zu Hause. Wer möchte, kann sie jeden Tag auf unterschiedlichste Weise genießen, so umfangreich ist das Angebot in der Stadt. Einerseits lebt Oldenburg von seinem Erbe als Residenzstadt. Die Oldenburger Herzöge und Großherzöge haben sich gerade auf kulturellem Gebiet stark engagiert, weswegen zahlreiche entsprechende Einrichtungen aus dieser Zeit stammen. Sie bestehen bis heute fort, sind ungebrochen vital und befruchten das Kulturleben der Stadt und ihrer Umgebung. Andererseits sind daneben zahlreiche weitere öffentliche und private Institutionen entstanden, die heute aus Oldenburg nicht mehr wegzudenken sind.

Ein echter Leuchtturm ist das **Oldenburgische Staatstheater** (S. 40) mit seinen sechs Sparten. Das Theater, das über mehrere Spielstätten verfügt, wird weit über die Stadtgrenzen Oldenburgs hinaus hoch geschätzt, genutzt und beachtet. Um bei den Theatern zu bleiben: Oldenburg verfügt über eine lebendige und vielfältige, kreative freie Theaterszene, die ihresgleichen sucht und ganz unterschiedlichen Interessen gerecht wird.

Gleichwohl gibt es auch Einrichtungen mit soziokulturellem Schwerpunkt, die ebenfalls sehr positiv aufgenommen werden: Konzerte, Theateraufführungen, Lesungen, Vorträge und vieles mehr bieten etwas für jeden Geschmack. Hier ist die **Kulturetage** (S. 135) im Bahnhofsviertel Vorreiter. Daneben haben sich größere und kleinere Treffpunkte etabliert, die verschiedenen Akteuren eine Heimat bieten. Der wichtigste von ihnen ist das **Kulturzentrum PFL** (S. 136), das in städtischer Trägerschaft steht. Unterschiedlichste Gruppen, Vereine und Akteure nutzen das PFL für ihre Zusammenkünfte und Veranstaltungen.

Periodisch finden in Oldenburg Veranstaltungen statt wie der **Oldenburger Kultursommer**, das **Internationale Filmfestival** im September und die **KIBUM** im November, die größte nichtkommerzielle Kinder- und Jugendbuchmesse Deutschlands. Die **Oldenburger Promenade**, ein Musikfestival im Sommer, richtet ein Verein aus.

Das Kulturzentrum PFL

Ein Erbe der Residenzzeit Oldenburgs sind die beiden Landesmuseen, das **Landesmuseum für Kunst und Kulturgeschichte** (S. 133) und das **Landesmuseum Natur und Mensch** (S. 83). Beide Häuser halten ein reiches Repertoire an Exponaten vor. Die städtischen Museen stehen dem in nichts nach: **Stadtmuseum** (S. 71), **Horst-Janssen-Museum** (S. 71) und **Edith-Ruß-Haus für Medienkunst** (S. 61) runden das Museumsangebot spannend ab. Auch die **Landesbibliothek Oldenburg** (S. 69) richtet regelmäßig Ausstellungen in ihren Räumen aus, die sich im wahren Wortsinne sehen lassen können.

Und, und, und … ist man versucht zu sagen, aber das Oldenburger Kulturangebot ist tatsächlich ungewöhnlich reichhaltig und vielfältig für eine Stadt dieser Größe. Und die Oldenburger wie ihre Gäste nehmen es gern in Anspruch.

DER OLDENBURGISCHE KLASSIZISMUS

Der Klassizismus ist ein Kunst- und Architekturstil, der im 18. Jh. als Reaktion auf das schmuckfreudige und verspielte Rokoko entstand. Er entspricht der vernunftbetonten Zeit der Aufklärung. Basierend auf der griechisch-römischen Antike bevorzugt die Architektur des Klassizismus einfache und klare geometrische Grundformen. Antike Architektur-Ornamentik, Säulen und Dreiecksgiebel gehören zum Formenrepertoire.

Herzog Peter Friedrich Ludwig (1755–1829) ließ in den Jahren 1786 bis 1790 das **Mausoleum** auf dem Oldenburger **Gertrudenfriedhof** (S. 71) errichten. Es gilt als Initialbau des oldenburgischen Klassizismus. Der Herzog, der auch persönlich in die Planungen seiner Architekten eingriff, und sein Sohn und Nachfolger Großherzog Paul Friedrich August (1783–1853) favorisierten diesen Baustil, der in Oldenburg bis in die Mitte des 19. Jh.s vorherrschend war.

Neben dem Mausoleum ist der Umbau der **St.-Lamberti-Kirche** (S. 30) das zweite Hauptwerk des

Klassizismus unter Peter Friedrich Ludwig. Weitere Bauten sind das Prinzenpalais am Damm und der Teepavillon im Schlossgarten. Am und im Schloss ließ der Herzog Anbauten errichten und Innenräume klassizistisch gestalten. Auf dem Gertrudenfriedhof entstand die Grabädikula für die Kanzleiräte von Berger und von Finckh.

Paul Friedrich August ließ u. a. das Peter Friedrich Ludwigs Hospital erbauen, die Militärakademie am Pferdemarkt sowie die Schlosswache. Den **Schloßplatz** (S. 27) rahmten im Norden klassizistische Gebäude halbkreisförmig ein. Heute ist noch der westliche Abschnitt davon erhalten.

Zum Programm des klassizistischen Ausbaus Oldenburgs zählt auch die Gestaltung von Straßenführungen und Plätzen: Die auf die heutige Innenstadt zuführenden Straßen weisen einen Knick auf. Dieser sollte den Besuchern Oldenburgs zunächst den Blick auf die Stadt verwehren und dann eine überraschende Aussicht bieten. Der Julius-Mosen-Platz, der Kasinoplatz und der Platz vor der Cäcilienbrücke sind Platzanlagen der Zeit.

Auch Privatleute bauten im Stil des Klassizismus, etwa die Hirschapotheke und Vorstadtvillen in Osternburg und Eversten. Der Gertrudenfriedhof besitzt zahlreiche klassizistische Grabdenkmäler.

Denkmal Herzog Peter Friedrich Ludwig

Für Peter Friedrich Ludwig arbeiteten die Architekten Johann Heinrich Gottlieb Becker, Joseph Bernhard Winck und Heinrich Carl Slevogt. Unter Paul Friedrich August wirkten Heinrich Strack und Georg Siegmund Otto Lasius. Hero Diedrich Hillerns etablierte den Rundbogenstil in Oldenburg, der dem Klassizismus folgte.

Klassizistisch sind auch die Denkmäler in der ehemaligen Vorhalle der Lambertikirche und die „Högl'sche Vase“ am Schloßplatz. Die beiden Hofmaler Herzog Peter Friedrich Ludwigs, Johann Heinrich Wilhelm Tischbein („Goethe-Tischbein“) und Ludwig Philipp Strack, waren Maler des Klassizismus. Von ihnen sind Werke im **Oldenburger Schloss** (S. 24) zu sehen.

DIE GRÜNE STADT

Für seine Einwohnerzahl hat Oldenburg eine vergleichsweise große Fläche. Es heißt, der Oldenburger wolle ein Haus, um das er „umzu" (drumherum) gehen kann. Das braucht natürlich Platz. Die Stadt ist vom Altstadtkern aus seit dem 19. Jh. kontinuierlich gewachsen und hat dabei alte Ansiedlungen und Dörfer in sich aufgenommen. Dabei sind aber auch Grün- und Waldflächen miteinbezogen oder ausgespart worden.

Als die Festungswälle Oldenburgs geschleift und eingeebnet wurden, verwandelte man den Bereich, der die Stadt einst eingeschnürt hatte, in einen Grüngürtel. Diese Wallanlagen mussten später teilweise dem Verkehr geopfert werden, um die Innenstadt von diesem zu entlasten. Am Theaterwall und am Heiligengeistwall laden die Wallanlagen zum Spazierengehen in Innenstadtnähe ein. Besonders reizvoll ist die Kombination aus Grünanlage und Wasser, das der Stadtgraben zur Anlage beisteuert. Direkt im Zentrum liegt Oldenburgs **Schlossgarten** (S. 54), ein Gartenkunstwerk des 19. Jh.s mit späteren Ergänzungen. Mitten in der Stadt bietet diese Oase mit ihrem außergewöhnlichen Bestand an Pflanzen und Bäumen die Möglichkeit, dem städtischen Treiben zu entkommen und die Natur zu genießen.

Für eine Landessausstellung im Jahr 1905 legte man einen Bereich westlich des alten Dobbenviertels trocken und zwei Teiche an. Nach Ausstellungsende entstanden hier Landtag und Staatsministerium, aber auch eine großzügige Grünfläche. Die Dobbenwiese wird heute gerne für Sport und Spiel, aber auch zum entspannten Verweilen genutzt.

Ebenso innenstadtnah wie die Dobbenwiese liegt das Eversten Holz. Diesen Wald gibt es schon seit dem Mittelalter, nur lag er damals vor der Stadt Oldenburg. Im 18. Jh. wurde er zum Barockgarten umgestaltet. Im 19. Jh. wandelte man den Barockgarten in einen Landschaftsgarten um. Heute hat das Eversten Holz den Charakter eines von Wegen durchzogenen Eichen- und Buchenwaldes mit großen Lichtungen. Spaziergänger und Freizeitsportler nutzen ihn oft, aber auch Familien kommen gerne hierher, nicht nur wegen des am Rand des Waldes gelegenen Spielplatzes. Im Haareneschviertel lädt der **Botanische Garten** (S. 134) zum Kennenlernen einheimischer wie ferner Pflanzenwelten ein.

Muße im Schlossgarten

Im Norden des Stadtgebietes sind der Große und der Kleine Bürgerbusch bei Freizeitsportlern beliebt. Der Große Bürgerbusch verfügt zudem über einen Trimm-dich-Pfad und einen Spielplatz. Den Wunderburgpark mit altem Baumbestand und ebenfalls mit Spielplatz findet man im Stadtteil Osternburg. Ganz in der Nähe bietet der Osternburger Utkiek einen Ausblick auf das ganze Stadtgebiet. Die ehemalige Deponie ist heute ein fast dreißig Meter hoher begrünter Hügel, der seinem Namen „Utkiek", was nichts anderes als „Ausguck" bedeutet, alle Ehre macht.

Ganz im Osten des Stadtgebietes erstrecken sich das Blankenburger Holz und der Stadtwald. Hier gibt es auch einen Walderlebnispfad mit 17 Stationen.

DIE KOHLTOUR-HAUPTSTADT

Sobald im Spätjahr die ersten Nachtfröste gekommen sind, wird aus Oldenburg ein „Kohldorado“. Gesellig zelebrieren die Menschen von nun an bis März ihre eigenwillige Mischung aus sportlichem Spiel, Bewegungsdrang und rustikalkulinarischer Gemütlichkeit: Man geht auf Kohlfahrt – so genannt wegen der einst auf Pferdewagen zurückgelegten Wegstrecken. Die traditionelle Veranstaltung erlebt inzwischen einen Jugendboom, ohne dass die vorangehenden Generationen je „kohltourmüde“ geworden wären. Als cool gewordenes Event elektrisiert das Winterritual generationenübergreifend.

Unumgänglich ist der Hinweis auf den, so der Autor Michael P. Hopp im Standardwerk „Oldenburger Grünkohl-Brevier“, wohl ersten schriftlichen Beleg über die hiesige Verköstigung des Grünkohls: In einem Reisebericht klagte der Gelehrte Justus Lipsius 1586 über die kaum menschenwürdige Speise im Oldenburgischen, das im Heiligen Römischen Reich dem Westfälischen zugeordnet war. In stallgleichen Gasthäusern habe

Majestät für ein Jahr

er zusammen mit Schweinetreibern und Fuhrleuten essen müssen: „Eine ungeheure Kumme voll braunen Kohls! Einen Finger breit darüber fließt eine Brühe von Schweinefett. Diesen Ambrosia essen meine Westphälinger nicht, sie verschlingen ihn. Mich ekelt er an." Was der abgehobene Banause verspottet hatte, bringt heute die ganze Stadt auf die Beine. Kein Freundeskreis, kein Verein, keine Ortsgruppe, keine Firma, keine Behörde, wo man nicht aufbräche zur Kohltour. Mit Trinkpinnchen um den Hals ziehen die Gruppen mit proviantgefülltem Bollerwagen fröhlich los, um sich ein, zwei Stunden lang auf verkehrsarmen Wegstrecken allerlei Treiben hinzugeben.

Beim Boßeln versucht man eine Kugel möglichst weit zu rollen, Reisigbesen werden geworfen oder Teebeutel. Oder man lässt sich andere Wettkämpfe einfallen. Wichtig sind die Pausen mit Schnaps und Häppchen. Und am Ende findet sich die ausgelassene Gesellschaft in einem Lokal ein, wo sie Grünkohl mit Pinkel vertilgt. Als „Oldenburger Palme" wächst das Gemüse in der Umgebung. Und Pinkel? Darunter versteht man allgemein die Beilagen aus Würsten, Speck und Kasseler. Genau genommen ist Pinkel allein aber nur die geräucherte Grützwurst. Dazu gibt's Kartoffeln. Nun wird gespeist, geplaudert, gesungen und die Kohlkönigin oder der Kohlkönig proklamiert.

Berühmt ist gar das hochpolitische „Defftig Ollnborger Gröönkohl-Äten" in der Bundeshauptstadt. Hier wurden schon Bundeskanzler oder welche, die es noch werden sollten, zu Oldenburger Kohlkönigen gekrönt: Helmut Schmidt, Helmut Kohl (!), Gerhard Schröder oder Angela Merkel.

Den ganzen Kosmos des Grünkohl-Kultes mit Tipps, Rezepten und Angeboten für die Durchführung einer Kohltour gibt's auf www.kohltourhauptstadt.de; sogar zu studieren ist die „Kohlologie" auf www.gruenkohl-akademie.de. Und glauben Sie keiner Bremerin und keinem Bremer, wenn die behaupten, sie hätten so was auch. Bremen hat Braunkohl.

IM HERZEN DER STADT

Hochwassersicher entstand das mittelalterliche Oldenburg auf einem leicht erhöhten Geestrücken und bildet im Grundriss einen von Südosten nach Nordwesten orientierten Keil. Der fast noch ganz vom Stadtgraben umgebene Stadtkern besitzt bis heute das mittelalterliche Straßenraster. Im Zentrum verlaufen die Lange Straße als Hauptstraße und östlich davon die Achternstraße, also hochdeutsch die „hintere Straße“. Beide nehmen ihren Ausgang vom Marktplatz und treffen sich am Lefferseck wieder. Dies lädt dazu ein, hier „um den Pudding“ zu flanieren. Oldenburgs Zentrum wurde schon 1967 zur Fußgängerzone gemacht.

siehe große Karte S. 22

SEHENSWERTES

Schloss An der Stelle der alten Oldenburg steht heute das Schloss als historisch bedeutendstes Gebäude der Stadt. S. 24 1

St.-Lamberti-Kirche Die evangelische Hauptkirche Oldenburgs wartet in ihrem Innern mit einer großen Überraschung auf. S. 30 5

Haus Degode Als eines der wenigen Häuser, die den Stadtbrand von 1676 überstanden haben, vermittelt das Haus Degode einen Eindruck vom Gesicht des alten Oldenburg. S. 37 7

Lappan Das Wahrzeichen Oldenburgs war ursprünglich der Glockenturm der Heilig-Geist-Kapelle. S. 46 16

Oldenburger Schloss

GASTRONOMIE

Florian Grand Café Ein richtiges, klassisches Kaffeehaus gleich beim Rathaus. S. 112 50

Charly's Sensationelle Musikkneipe auf Oldenburgs Kneipenmeile Wallstraße. S. 113 59

EINKAUFEN

Der Hofgarten Neben Blumen sind hier die schönsten Geschenkideen für Heim, Hof und Garten zu finden. S. 121 21

Tee & Schokolade Paul Schliemann Auserlesene Tees samt Zubehör, feinste Schokoladen und Pralinen sowie Weine. S. 123 39

ÜBERNACHTUNG

altera Hotel Modern im Design und mit leckerer Gourmet-Küche nebenan in der von den Hotelinhabern geführten Brasserie. S. 129 1

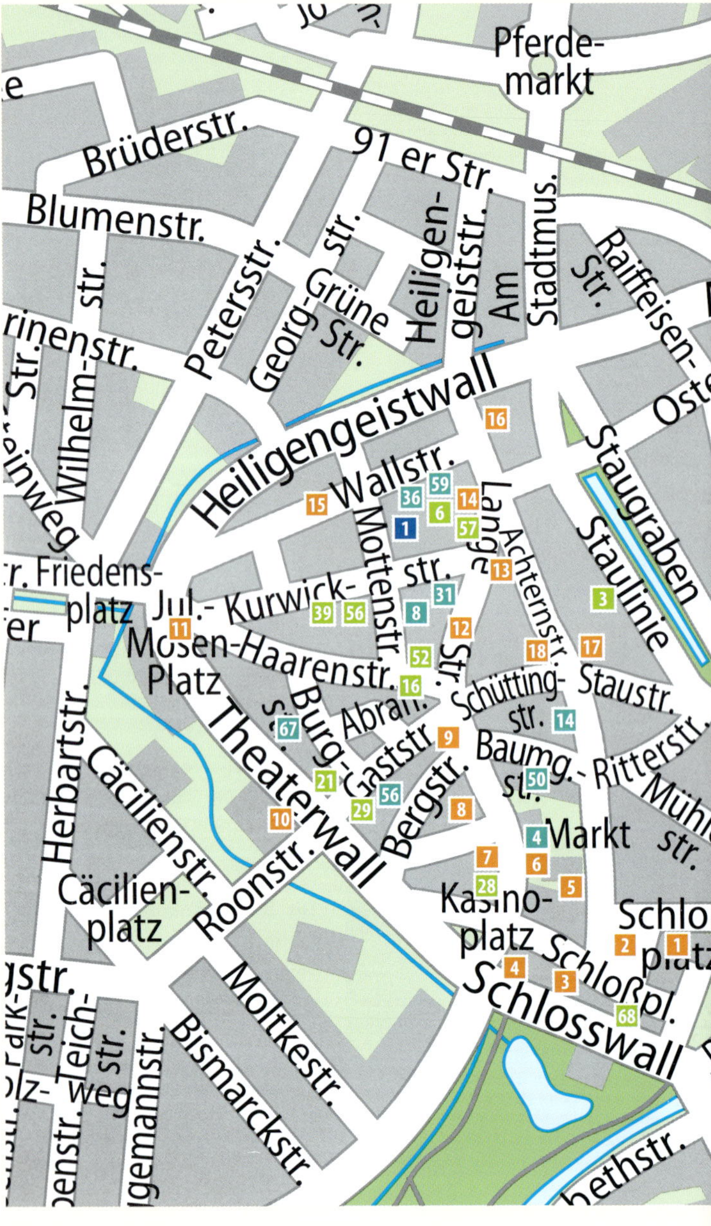
Pferde-
markt
Brüderstr.
91 er Str.
Blumenstr.
Petersstr.
Georg-Grüne
Str.
Heiligen-
geiststr.
Am
Stadtmus.
Raiffeisen-
Str.
Heiligengeistwall
Wilhelm-
str.
Friedens-
platz
Wallstr.
Mottenstr.
Lange
Achternstr.
Staugraben
Staulinie
Kurwick-
str.
Jul.-
Mosen-
Platz
Haarenstr.
Theaterwall
Burg-
Abrah.
Gaststr.
Schütting-
str.
Staustr.
Baum-
g.-
str.
Ritterstr.
Mühl
str.
Herbartstr.
Cäcilienstr.
Cäcilien-
platz
Roonstr.
Bergstr.
Markt
Kasino-
platz
Schloßpl.
Schlosswall
Moltkestr.
Bismarckstr.
Teich-
str.
weg
15
16
59
36
14
6
57
1
13
31
39
56
8
11
12
3
52
18
17
16
67
9
14
21
56
50
29
10
8
4
7
6
28
5
2
1
4
3
68

SEHENSWERTES

1 Schloss S. 24
2 Schloßplatz S. 27
3 Touristinfo S. 28
4 Pulverturm S. 29
5 St.-Lamberti-Kirche S. 30
6 Rathaus S. 34
7 Haus Degode S. 37
8 St. Nikolai-Kirche S. 38
9 Berg- und Gaststraße S. 38
10 Staatstheater S. 40
11 Julius-Mosen-Platz S. 41
12 Lange Straße S. 42
13 Lefferseck S. 44
14 Herbartgang S. 46
15 Wallstraße S. 46
16 Lappan S. 46
17 Hirschapotheke S. 48
18 Wohnhaus Klingenberg S. 48
19 Ehemalige Hauptpost S. 49

GASTRONOMIE

4 Ratskeller Oldenburg S. 107
8 Artischocke S. 108
14 Chianti Classico S. 108
31 Sapori d'Italia S. 110
36 New York New York S. 111
50 Florian Grand Café S. 112
56 Kaffeekunst S. 113
59 Charly's S. 113
67 Ulenspegel S. 114

EINKAUFEN

3 Der Bastelkönig S. 119
6 Duftkontor S. 119
16 Buch Brader S. 120
21 Der Hofgarten S. 121
28 Bäckerei Janssen S. 122
39 Tee & Schokolade Paul Schliemann S. 123
52 Bruns Männermode S. 124
56 Kaffee und Kleid S. 124
57 Leffers S. 125
68 eins-a Schumacherei Simme S. 126

ÜBERNACHTUNG

1 altera Hotel S. 129

1 SCHLOSS S. 22

Das Oldenburger Schloss steht an der Stelle der Oldenburg, die der Stadt ihren Namen gab. Die runde Niederungsburg des 12. Jh.s erhielt im 15. Jh. einen Wassergraben (Graft). Sie war annähernd doppelt so groß wie das heutige Schloss und hatte einen frei im Hof stehenden Bergfried.

Der letzte Oldenburger Graf, Anton Günther, ließ die Burg ab 1607 in ein Renaissanceschloss umbauen und auch den alten Bergfried abbrechen. Aus dieser Zeit stammt der Anton-Günther-Flügel des Schlosses mit dem neuen Schlossturm und reich geschmückten Fensterrahmungen. In den Jahren 1737 bis 1746 wurde das Schloss gründlich renoviert, der Anton-Günther-Flügel erhielt ein Mansarddach sowie eine neue Gestaltung im Portalbereich, den sogenannten Stallknecht-Risalit mit ionischen Pilastern in Kolossalordnung (d. h. geschossübergreifend) und darüberliegendem verkröpftem (d. h. vor- und zurückspringendem) Gebälk. Danach errichtete von 1774 bis 1778 der erste Oldenburger Herzog Friedrich August den sogenannten Holmerflügel. An diesen anschließend baute Herzog Peter Friedrich Ludwig ab 1817 den Schlosstorbogen, den Küchen- und Bibliotheksflügel und zwei Remisen im klassizistischen Stil an. Schließlich folgte noch die Errichtung eines neuen Festsaaltraktes am Ende des 19. Jh.s, der sich in seiner architektonischen Formgebung am Stil des Anton-Günther-Flügels orientiert.

Wer genau hinschaut, bemerkt beim Betrachten der Westfassade des Anton-Günther-Flügels, dass der darübersitzende Turm leicht zur Fassade verdreht ist und sein Fenster nicht über der Mittelachse der Fassade sitzt. Hier ist zu erkennen, dass noch Mittelalter im Gebäude steckt, denn der sparsame Graf versteckte beim Schlossbau Teile der alten runden Burg hinter neuen geraden Fassaden, was zu Asymmetrien führte. Am Rande des Schlosshofes befindet sich noch ein kleiner Teich als letzter Rest der Graft.

Innenräume Unter den Innenräumen des Schlosses ragen im Erdgeschoss ein klassizistisches ovales Empfangszimmer von 1836 bis 1838 heraus sowie ein Raum mit einer Tapete im pompejischen Stil. In der Beletage befinden sich die Repräsentationsräume. Der Grüne und der Rote Salon und der Thronsaal sind in der Zeit des Historismus in der zweiten Hälfte des 19. Jh.s gestaltet worden. Idyllenzimmer, Marmorsaal, Weißer Saal und Stracksaal hat Herzog Peter Friedrich Ludwig in der ersten Hälfte des 19. Jh.s im klassizistischen Stil ausstatten lassen.

Der Marmorsaal im Holmerflügel war der Festsaal des Schlosses bis zum Bau des neuen Festsaals 1894

▶ Schmuckstück im Herzen der Stadt: das Oldenburger Schloss

3 STADTMUSEUM S. 66

ENTDECKER-TIPP

Das Oldenburger Stadtmuseum ist aus der Stiftung eines wohlhabenden Oldenburger Bürgers, Theodor Francksen, hervorgegangen, der seine beiden gründerzeitlichen Villen seiner Heimatstadt zusammen mit seinen Kunstsammlungen vermacht hat. Diese beiden Villen mit ihren prachtvoll eingerichteten Räumlichkeiten bilden noch heute das Herzstück des Museums. An ihnen lässt sich die Wohnkultur von Oldenburgs Bürgertum um 1900 plastisch erfahren. Ergänzt werden die Sammlungen des Museums um die Bernhard-Winter-Stiftung mit Gemälden des Oldenburger Malers und Porträtisten Bernhard Winter (1871–1964) und die stadtgeschichtlichen Sammlungen. Hier veranschaulichen sechs Modelle die Stadtentwicklung Oldenburgs.

Am Stadtmuseum 4–8 • Tel.: (0441) 2352886 • www.stadtmuseum-oldenburg.de • Di.–So. 10–18 Uhr •

4 HORST-JANSSEN-MUSEUM S. 66

Das Horst-Janssen-Museum ist dem Zeichner und Grafiker Horst Janssen und seinem Werk gewidmet. Horst Janssen hat sein Erwachsenenleben in Hamburg verbracht, ist aber in Oldenburg aufgewachsen und liegt auch hier begraben. Das Museum veranstaltet regelmäßige Sonderausstellungen zu Horst Janssen und anderen international bedeutenden Grafikern.

Am Stadtmuseum 4–8 • Tel.: (0441) 2352891 • www.horst-janssen-museum.de • Di.–So. 10–18 Uhr •

◀ Ein Haus für den Zeichner und Grafiker Horst Janssen sowie für internationale Kunst

5 GERTRUDEN-FRIEDHOF S. 66

ENTDECKER-TIPP

Der Gertrudenfriedhof, der offiziell Gertrudenkirchhof heißt, geht auf den Friedhof des mittelalterlichen Siechenhauses der Stadt Oldenburg zurück. Im späten 18. Jh. wurde der alte Hauptfriedhof Oldenburgs an der St.-Lamberti-Kirche aufgehoben. Seine Stelle nahm dann der Gertrudenfriedhof ein. Am Haupteingang ist in einen Torpfeiler ein spätmittelalterlicher Inschriftenstein eingelassen, auf dem zu lesen steht: „O ewich is so lanck."

Der Friedhof ist Ruhestätte zahlreicher bedeutender Oldenburger Persönlichkeiten. Hier begraben liegen u. a. der Arzt und Begründer der biochemischen Heilmethode Dr. Wilhelm Heinrich Schüßler, der Dichter der Oldenburg-Hymne „Heil dir, o Oldenburg", Theodor von Kobbe, der Verleger und Erfinder der Bildpostkarte August Schwartz, der Verlagsgründer Gerhard Stalling, die Sopranistin Erna Schlüter und der Zeichner und Grafiker Horst Janssen.

Darüber hinaus finden sich auf dem Friedhof hervorragende Grab-

Städtisches Kleinod: der Gertruden-Friedhof mit dem Mausoleum

denkmäler, darunter viele aus der Zeit des Klassizismus. Einige zeigen als Symbole der Ewigkeit eine Schlange, die sich in den Schwanz beißt (Ouroboros) und Schmetterlinge als Zeichen der Verwandlung hin zu einem neuen Leben. Bemerkenswert sind der Grabobelisk der Susanne von Halem, die Stele des Arztes Gerhard Anton Gramberg oder das Grabmal des Verlagsgründers Gerhard Stalling. Darüber hinaus gibt es noch barocke Grabplatten und Grabstelen, die teilweise später wiederverwendet worden sind. Charakteristisch für den Gertrudenfriedhof sind Grabkeller. Diese unterirdischen Grüfte sind über einen Schacht zugänglich, der von einer Grabplatte verschlossen wird.

Gertrudenkapelle Das einzige vollständige Gebäude aus dem Mittelalter in Oldenburg ist die Gertrudenkapelle. Sie steht gleich am Haupteingang des Gertrudenfriedhofs. Die kleine Kirche stammt aus dem 14. und 15. Jh. und diente ursprünglich als Kapelle des Siechenhauses, das sich außerhalb der mittelalterlichen Stadt befand. In der Kapelle haben sich Wandmalereien aus dem 15. Jh. erhalten, ein Weltgericht und Szenen aus dem Leben der Kirchenpatronin, der Heiligen Gertrud von Nivelles. Gertrud ist Fürsprecherin der Armen, Kranken und Pilger, weswegen sie als Patronin der Kapelle des Siechenhauses gewählt wurde. Der Gertrud-Gemälde-Zyklus ist eine absolute Seltenheit. Sehenswert sind auch ein Epitaph aus dem 17. Jh. und die Jugendstil-Chorfenster mit betenden Engeln, die der Bremer Künstler Georg Karl Rohde 1918 geschaffen hat.

Die Gertrudenkapelle

Mausoleum Das herzogliche Mausoleum ist der erste klassizistische Bau in Oldenburg. Herzog Peter Friedrich Ludwig hat es zwischen 1786 und 1790 für seine früh verstorbene Ehefrau Friederike, sich selbst und seine Nachkommen errichten lassen. Der klassizistische Charakter des Grabbaus geht ganz wesentlich auf die Initiati-

DIE GERTRUDENLINDE

Vor der Oldenburger Gertrudenkapelle stand einst eine alte Linde, um die sich folgende Sage rankt: Ein reicher Kaufmann hatte ein Waisenmädchen bei sich aufgenommen, auf das sein Sohn ein Auge warf. Weil das Mädchen ihn zurückwies, versteckte er Silberlöffel in ihrer Kammer und bezichtigte sie des Diebstahls. Dafür verurteilte man sie zum Tode. Auf dem Weg zum Richtplatz ergriff sie einen trockenen Lindenzweig. Bei der Gertrudenkapelle wollte sie noch einmal beten. Dies wurde ihr erlaubt und sie kniete sich hin. Dabei steckte sie den Lindenzweig mit dem dünnen Ende in den Boden und sagte, dass er aufblühen werde, so wahr sie unschuldig sei. Nach dem Tod des Mädchens wuchs der Zweig zu einem großen Lindenbaum heran und bekam eine breite untere Krone, die mit einem Balkengerüst gestützt werden musste. Der Kaufmannssohn gestand erst auf dem Sterbebett, dass das Mädchen unschuldig war. Er soll noch gesagt haben: „O ewich is so lanck", wie noch heute auf dem Inschriftenstein am Eingang zum Gertrudenfriedhof zu lesen ist. Die alte Linde stand bis 1934 vor der Kapelle und brach dann auseinander. Jetzt befindet sich dort ein Ableger der ursprünglichen Linde.

ve des Herzogs selbst zurück. Das Gebäude ist ein säulenloser kubusförmiger Bau mit Dreiecksgiebel und Satteldach, das durch seine Schlichtheit beeindruckt. Darin sind Oldenburger Herzöge und Großherzöge, ihre Frauen, Nachkommen und Kinder bestattet.

Grabmäler beim Mausoleum
In unmittelbarer Nachbarschaft östlich des Mausoleums befinden sich zahlreiche klassizistische Grabdenkmäler hoher Beamter des Oldenburger Hofes. Hervorzuheben sind der Hendorffsche Grabturm (1791), das kleine Mausoleum des Oberlanddrosten und Staatsministers Graf Holmer († 1806) und das Grabdenkmal für die von den Franzosen hingerichteten Kanzleiräte von Berger und von Finckh (1821–1824). Letzteres, ein Tempelchen mit darin stehendem Scheinsarkophag, ist auf Veranlassung Herzog Peter Friedrich Ludwigs errichtet worden. Die Architekturteile dieses qualitätsvollsten Grabdenkmals auf dem Friedhof bestehen aus Sandstein und Carraramarmor.
Kirchhofstraße

DER OLDENBURGER KRAMERMARKT

Oldenburgs „Fünfte Jahreszeit" ist der Kramermarkt, eines der größten Volksfeste Deutschlands. Traditionell findet es Ende September/Anfang Oktober statt. Beginn des Jahrmarktes ist jetzt immer ein Freitag, der Markt endet dann am Sonntag der folgenden Woche. Am ersten Sonnabend des Kramermarktes findet ein großer Festumzug durch Oldenburg statt, der Kramermarktsumzug. An ihm beteiligen sich zahlreiche Vereine und Gruppen mit geschmückten Wagen, aber auch zu Fuß. Mit viel Musik, Bonbonwerfen und guter Laune geht es dann an einer Menge von Schaulustigen vorbei durch die Stadt zum Festplatz an der Weser-Ems-Halle. Übrigens führt der letzte Oldenburger Graf, Anton Günther, den Festumzug höchstpersönlich an: Hoch zu Ross verkörpert ein Schauspieler den Gründer des Kramermarktes. Der Graf hatte das Oldenburger Marktwesen 1608 neu geordnet. War der Markt ursprünglich nur für den Warenverkauf vorgesehen, wie der Name „Kramermarkt" schon sagt, wandelte er sich seit dem 19. Jh. zunehmend zum Jahrmarkt mit Vergnügungscharakter. Der Kramermarkt hatte seinen ursprünglichen Platz auf dem Marktplatz der Stadt. Als er immer größer wurde, blieben die Händler hier, während die Schausteller 1877 mit ihren Geschäften auf den Pferdemarkt umzogen. Seit 1963 hat der gesamte Markt auf dem Festplatz neben der Weser-Ems-Halle eine neue Heimat gefunden. Heute dominieren ganz klar die Schaustellerbetriebe das Marktgeschehen. Ein weithin sichtbares Symbol des Kramermarktes ist das Riesenrad. Wenn es aufgebaut wird, kann die Vorfreude auf das Fest richtig beginnen. Am ersten Tag des Kramermarktes und am zweiten Freitag gibt es jeweils ein Feuerwerk. Am letzten Tag begeistert traditionell ein großartiges Abschlussfeuerwerk die Oldenburger und ihre Gäste.

EWE ARENA: Hier gibt es Oldenburger Top-Sport

6 EWE ARENA S. 66

Im Stadtviertel hinter dem Oldenburger Hauptbahnhof, etwas abseits vom Pferdemarkt, stehen die Große und die Kleine EWE ARENA. Die Mehrzweckhallen dienen in erster Linie als Austragungsorte für Sportereignisse (Basketball und Handball). Sie werden aber auch für verschiedene andere Veranstaltungen genutzt. Je nach Bestuhlung bieten die Hallen Platz für 2.300 bis 8.000 Zuschauer. Den verglasten Rundbau der Kleinen EWE ARENA (Bild) umgibt ein geböschter Ring, der begrünt ist. So erscheint die Arena als reizvoll architektonischer Akzent wie auf einem Hügel thronend. Kleine wie Große EWE ARENA sind an den Komplex der Weser-Ems-Halle angebunden, das größte Messe- und Veranstaltungszentrum Oldenburgs.

Maastrichter Straße 1 • www.ewe-arena.de •

DER DAMM UND OSTERNBURG

Über den Damm erreichten früher die Besucher aus Süden und Osten die Stadt. Zuvor kamen sie durch das vor Oldenburg gelegene Dorf Osternburg. Es hat eine eigene Dorfkirche und war im 19. Jh. ein beliebter Villenvorort Oldenburgs. Am Anfang des Damms befinden sich mit dem Galeriegebäude Augusteum und dem Prinzenpalais zwei kulturhistorisch bedeutende Bauten. Zusammen mit dem Schloss gehören sie zum Landesmuseum für Kunst und Kulturgeschichte, während das Landesmuseum Natur und Mensch am unteren Ende des Damms angesiedelt ist. Dort ist der Damm als Empfangsplatz gestaltet. Mit der Cäcilienbrücke befindet sich hier außerdem ein bedeutendes technisches Denkmal.

SEHENSWERTES

Prinzenpalais Der 1821 bis 1826 errichtete Bau ist heute Teil des Landesmuseums für Kunst und Kulturgeschichte. S. 80 2

Augusteum Als von Beginn an öffentliches Galeriegebäude zählt es zu den frühesten seiner Art in Deutschland. S. 81 4

Landesmuseum Natur und Mensch Naturkundliche wie archäologische Erlebniswelten. S. 83 5

Cäcilienbrücke Das technische Denkmal hat den Charakter eines Stadttores, hinter dem sich ein Empfangsplatz aus der Zeit des Klassizismus öffnet. S. 84 6

Dreifaltigkeitskirche Mit seiner historischen Innenausstattung vertritt das kleine Gotteshaus den Typus einer Dorfkirche mitten im Oldenburger Stadtgebiet. S. 86 8

GASTRONOMIE

Café am Damm Ökokuchen auf ollem Sofa. Besonders schön an Regentagen. S. 112 49

Veggiemaid Vegane Snackbar mit täglich wechselnden hausgemachten Leckereien. Den zugehörigen Laden findet man in der Gartenstraße. S. 109 18

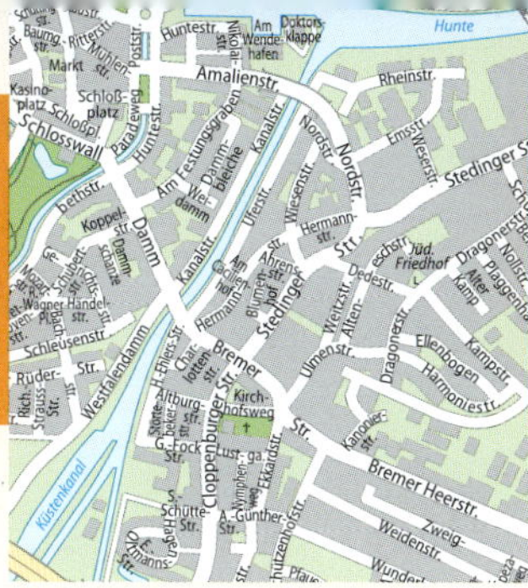

siehe große Karte S. 78

EINKAUFEN

Malis Änderungsschneiderei Freundlich, hilfsbereit, genau und schnell, auch für Rucksäcke und Geldbörsen. S. 126 67

ÜBERNACHTUNG

Hotel Wieting Familiengeführtes Haus, just modernisiert und renoviert, zentral, unweit des Küstenkanals. S. 130 10

Dreifaltigkeitskirche

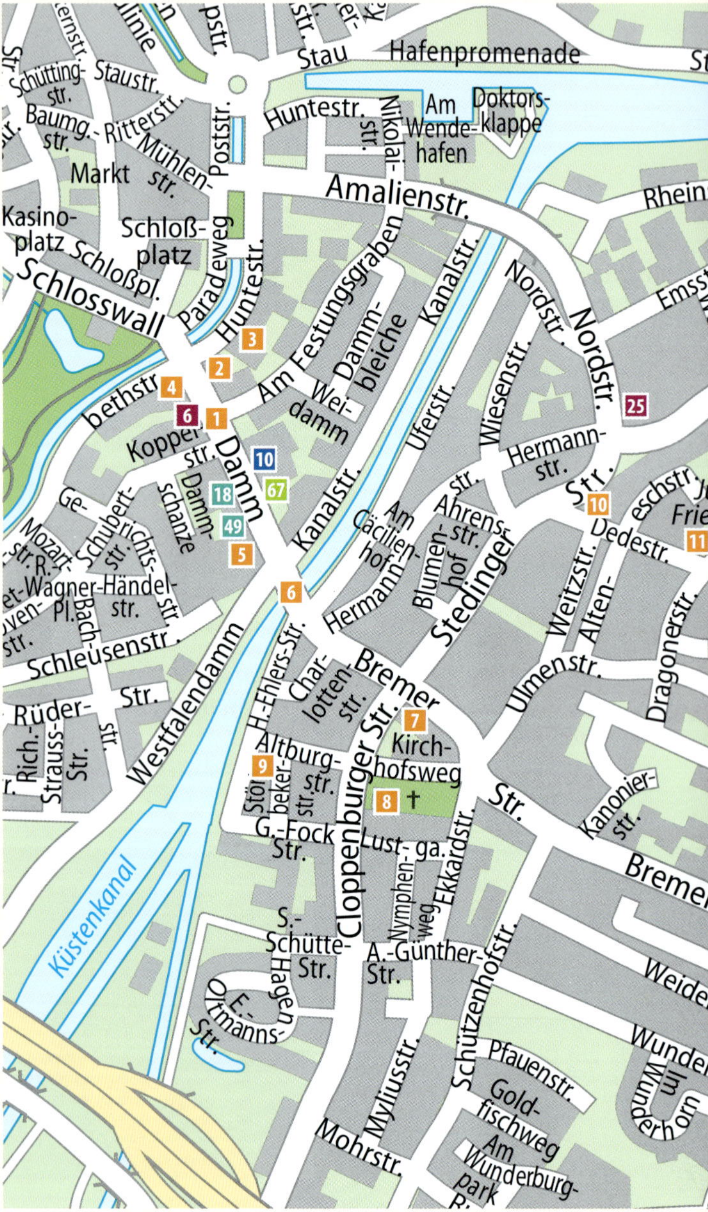
Hafenpromenade
Stau
Staustr.
Schutting-str.
Baumg.-str.
Ritterstr.
Mühlen-str.
Markt
Poststr.
Huntestr.
Nikolai-str.
Am Wendehafen
Doktorsklappe
Amalienstr.
Rheins
Kasinoplatz
Schloßplatz
Schloßpl.
Schlosswall
Paradeweg
Huntestr.
Am Festungsgraben
Dammbleiche
Weidamm
Kanalstr.
Nordstr.
Nordstr.
Emsst
Wiesenstr.
Uferstr.
25
3
2
4
6
1
bethstr.
Kopperstr.
Damm
10
67
18
49
5
Dammschanze
Schubertstr.
Gerichtsstr.
Mozartstr.
R.-Wagner-Pl.
Händelstr.
Bachstr.
Schleusenstr.
Hermannstr.
Ahrensstr.
Blumenhof
Am Cäcilienhof
Hermannstr.
Stedinger Str.
10
Dedestr.
11
Weitzstr.
Altenstr.
Dragonerstr.
Ulmenstr.
6
Westfalendamm
H.-Ehlers-Str.
Charlottenstr.
Bremer Str.
7
Kirchhofsweg
Rüder-Str.
Rich.-Strauss-Str.
Altburgstr.
9
Störtebekerstr.
8
Cloppenburger Str.
G.-Fock-Str.
Lustga.
Nymphenweg
Eckardstr.
Kanonierstr.
Bremer
Küstenkanal
S.-Schütte-Str.
A.-Günther-Str.
Hagen
E.-Oltmanns-Str.
Schützenhofstr.
Weider
Wunder
Im Wunderhorn
Pfauenstr.
Goldfischweg
Am Wunderburgpark
Myliusstr.
Mohrstr.

SEHENSWERTES

1 Damm S. 80
2 Prinzenpalais S. 80
3 Häuser an der Huntestraße S. 81
4 Augusteum S. 81
5 Landesmuseum Natur und Mensch S. 83
6 Cäcilienbrücke mit Platzanlage S. 84
7 Vorort Osternburg S. 86
8 Dreifaltigkeitskirche S. 86
9 Verwaltungsgebäude der 50er-Jahre S. 88
10 Heilig-Geist-Kirche S. 88
11 Jüdischer Friedhof S. 89

GASTRONOMIE

18 Veggiemaid S. 109
49 Café am Damm S. 112

EINKAUFEN

67 Malis Änderungsschneiderei S. 126

ÜBERNACHTUNG

10 Hotel Wieting S. 130

KULTUR UND FREIZEIT

6 Oldenburger Kunstverein S. 134
25 Alhambra S. 136

1 DAMM

S. 78

Die Straße „Damm" ist eng mit der Entstehung Oldenburgs verbunden: Im frühen 12. Jh. wurde der Damm angelegt als Querung über die Hunteniederung. Er war Teilstück eines Fernweges, der Oldenburg mit dem Osten und dem Süden verband und über Oldenburg nach Norden zur Küste weiterführte. Die Oldenburg, die zusammen mit dem Damm errichtet wurde, sperrte diesen Fernweg und kontrollierte ihn. Die Straße führte zunächst direkt durch die Burg hindurch, die deswegen zwei Tore besaß. Zuvor lag die Huntequerung weiter östlich bei Drielake. Die dortige Furt wurde mittels einer kleinen Befestigung überwacht, deren Reste später als „Heidenwall" bekannt waren. Nach Ausgrabungen konnte die Errichtung dieser Befestigung mithilfe der Dendrochronologie in die Jahre 1032 und 1042 datiert werden. Der Damm verbindet heute Oldenburgs Altstadt mit dem Stadtteil Osternburg.

2 PRINZENPALAIS

S. 78

Das klassizistische Prinzenpalais liegt an der Kreuzung Damm/Huntestraße. Der Bau wurde 1821 bis 1826 von Herzog Peter Friedrich Ludwig für zwei seiner Enkel errichtet und später noch einmal überarbeitet und um einen Festsaalanbau erweitert. Die Architektur des alten Gebäudeteils zeigt vor allem dorische Elemente. Die Hauptfassade zum Damm hin mit dem Haupteingang wird durch einen schlichten Dreiecksgiebel betont. Später nahm Großherzog Nikolaus Friedrich Peter, ein weiterer Enkel des Herzogs, noch als Erbgroßherzog im Palais Wohnung

Das Prinzenpalais

Bauschmuck am Augusteum

und lebte hier bis zu seinem Tod im Jahre 1900. Danach diente es verschiedenen Zwecken, war Lazarett, Schule, Behördensitz und ist heute Teil des Landesmuseums für Kunst und Kulturgeschichte Oldenburg. Besonders sehenswert ist neben der hier untergebrachten Galerie Neue Meister das pompejanische Zimmer, das frühere Audienzzimmer, dessen Holzvertäfelung im pompejanischen Stil gehalten ist.

Damm 1 • Tel.: (04 41) 2 20 73 00 • www.landesmuseum-oldenburg.niedersachsen.de • Di.–So. 10–18 Uhr •

3 HÄUSER AN DER HUNTESTRASSE S. 78

An der Huntestraße reihen sich sechs klassizistische Häuser des späten 18. Jh.s, die auf Veranlassung Herzog Peter Friedrich Ludwigs errichtet worden sind. Sie waren als architektonischer Rahmen für das gegenüberliegende Schloss gedacht. Es handelt sich um schlichte Gebäude mit sparsamen Architekturelementen. Ein Haus besitzt ein Walmdach, die übrigen Krüppelwalmdächer. Das dritte Haus von links hat als einziges einen klassizistischen Dreiecksgiebel zur Straße hin. In den Häusern wohnten u. a. Bedienstete des Oldenburger Hofes. Das Gebäude neben dem Parkplatz gegenüber vom Prinzenpalais stammt erst aus dem Jahr 1886, fügt sich aber architektonisch in den klassizistischen Bestand ein.

Huntestraße 1, 2–7

4 AUGUSTEUM S. 78

TOP-TIPP

Das Augusteum wurde von 1865 bis 1867 als Museums- und Ausstellungsgebäude errichtet. Als von Beginn an öffentliches Galeriegebäude zählt es zu den frühes-

MENSCH.
FISCH!
10.11.2012
7.4.2013

ten seiner Art in Deutschland. Seinen Namen trägt es zu Ehren des 1853 verstorbenen Großherzogs Paul Friedrich August. Der historistische Bau aus gelben Ziegeln folgt im Grundaufbau der Palazzoarchitektur von Florenz aus der Zeit der Renaissance. Besonders charakteristisch sind die zweibahnigen kreisbekrönten Rundbogenfenster des Obergeschosses. Die beiden Figuren über dem Hauptportal stellen die Malerei und die Bildhauerei dar. Unter dem Dachgesims verläuft ein Fries mit girlandenhaltenden Putten. Im Treppenhaus befindet sich ein Bilderzyklus des aus Oldenburg stammenden Malers Christian Griepenkerl von 1868 bis 1878, der zahlreiche Künstler aus verschiedenen Epochen seit der Antike und die Prometheussage darstellt. Das Augusteum gehört heute zum Landesmuseum für Kunst und Kulturgeschichte Oldenburg und beherbergt die Galerie Alte Meister.

Elisabethstraße 1 • Tel.: (0441) 220 7300 • www.landesmuseum-oldenburg.niedersachsen.de • Di.–So. 10–18 Uhr •

5 LANDESMUSEUM NATUR UND MENSCH S. 78

TOP-TIPP

Das heutige Landesmuseum Natur und Mensch Oldenburg ist aus dem Naturkundemuseum hervorgegangen. Im Volksmund ist es auch als „Museum am Damm" bekannt. Der rechts gelegene Altbau ist zwischen 1877 und 1879 in Formen der Renaissance mit Rundbogenfenstern entstanden. Besonders ins Auge fallen die beiden Sphingen, die die Freitreppe vor dem ehemaligen Hauptportal flankieren. Linker Hand befindet sich das von 1842 bis 1846 ursprünglich als Bibliothek errichtete zweite Hauptgebäude des Museums. Es ist der erste nach der Zeit des Klassizismus vollständig im sogenannten Rundbogenstil gehaltene Bau in Oldenburg. Vor ihm steht seit 2011 die Bronzeplastik „Daphne im Wind" der niederländischen Künstlerin Iris le Rütte.

Die Nymphe Daphne verwandelte sich auf der Flucht vor dem Gott Apollon in einen Lorbeerbaum. Der menschliche, sich in eine Pflanze verwandelnde Körper symbolisiert den Namen des Museums „Natur und Mensch". Das Museum besitzt neben völkerkundlichen Stücken, naturkundliche und archäologische Exponate aus dem Oldenburger Land. Besonders hervorzuheben sind die Moorleichen und Funde aus Großsteingräbern. Die Dauerausstellung präsentiert sich in einem modernen ganzheitlichen Konzept, das naturkundliche und archäologische Objekte verbindet.

Damm 38–44 • Tel.: (0441) 9244300 • www.naturundmensch.de • Di.–Fr. 9–17 Uhr, Sa.–So. 10–18 Uhr •

◀ Spannender Ort:
Landesmuseum Natur und Mensch

OLDENBURGER BRÜCKEN

Als Stadt am Wasser besitzt Oldenburg naturgemäß zahlreiche Brücken. Imposant ist die Cäcilienbrücke, eine Hubbrücke von 1927. Ihre etwas weiter nördlich gelegene Schwesterbrücke, die Amalienbrücke, ist leider abgebrochen und durch eine feste Brücke ersetzt worden. Von der neuen Amalienbrücke hat man aber eine besonders schöne Aussicht auf den Küstenkanal mit der Cäcilienbrücke und das nördliche Oldenburger Stadtgebiet. Östlich davon befindet sich im Bereich des Hafens die Eisenbahnbrücke. Die genietete Stahlkonstruktion von 1953 hat zwei fast 30 Meter lange bewegliche Teile mit Gegengewichten an den Außenseiten. Ist die Rollklappbrücke geöffnet, bieten die gehobenen Fahrbahnen einen großartigen Anblick. Neben der Eisenbahn kann die Brücke auf einem Seitensteg von Fußgängern und Fahrradfahren benutzt werden. Die Autobahnhochbrücke der A 29, die bei Blankenburg und Bornhorst die Hunte überquert, besitzt ebenfalls einen Fußgänger- und Fahrradweg. Der Weg auf die Brücke lohnt sich vor allem wegen des fantastischen Panoramablicks auf die ganze Stadt Oldenburg.

6 CÄCILIENBRÜCKE MIT PLATZANLAGE S. 78

Die Cäcilienbrücke von 1927 kommt mit ihren vier mächtigen Ziegeltürmen wie ein Stadttor daher. Sie ist im Stil des Klinkerexpressionismus gebaut, von dem es in Oldenburg noch weitere Beispiele gibt. Die Hubbrücke über den Küstenkanal hat in ihren Türmen Treppenhäuser, über die Fußgänger und Fahrradfahrer die gehobene Brücke überqueren können.

Stadtwärts vor der Brücke weitet sich der Damm zu einem Platz, der von den klassizistischen und historistischen Gebäuden, zu denen auch die des Landesmuseums Natur und Mensch und die des Niedersächsischen Landesarchivs/Staatsarchiv Oldenburg gehören, gesäumt wird. Die Verengung zur Stadt hin betonen zwei Kopfbauten. Die klassizistische Platzanlage wurde in den 1830er-Jahren unter Großherzog Paul Friedrich August geplant. Der Platz sollte die Besucher Oldenburgs empfangen, die aus Osten und Süden in die Stadt kamen. Jenseits der Cäcilienbrücke heißt die Fortsetzung des Damms „Bremer Straße“. Kurz hinter der Brücke biegt sie nach links ab. Dieser Knick ist ganz bewusst angelegt worden, weil die Besucher der Stadt diese erst sehen konnten, wenn sie den Knick hinter sich gelassen hatten. Dann bot sich der überraschende Blick auf das am Ende des Damms liegende Oldenburger Schloss.

Damm 37–38, 40–46

► Umschlagplatz: der Oldenburger Hafen

7 VORORT OSTERNBURG S. 78

Heute nur bei genauem Hinsehen wahrnehmbar, war Osternburg früher eine eigene Gemeinde, die vor den Toren der Stadt Oldenburg lag. Die heutige Stadt Oldenburg hat in ihrer Entwicklung seit dem frühen 20. Jh. zahlreiche kleine Dörfer und Bauerschaften durch Eingemeindungen integriert, zu denen auch Osternburg gehörte. Das Bauerndorf besaß zudem seit dem 17. Jh. eine eigene Kirche. An der Cloppenburger Straße haben sich einige Häuser erhalten, denen der bäuerliche Charakter noch gut anzusehen ist. Im Bereich Bremer Straße/Ulmenstraße befindet sich der Osternburger Marktplatz. Im frühen 19. Jh. entstand direkt beim Dorf Osternburg ein Vorort mit mehreren Villen im spätklassizistischen Stil der Biedermeierzeit. Erhalten sind heute noch an der Bremer Straße das Haus des Baumeisters Lasius (1844) und das einstöckige Landhaus des Grafen von Münnich (1818) mit Mittelrisalit und Dreiecksgiebel. An der Kreuzung Bremer, Stedinger und Cloppenburger Straße liegt das Haus des Zimmermeisters Muck (1833) mit dorischen Säulen, die den Eingang flankieren. Gegenüber befindet sich das heute als evangelisches Gemeindehaus genutzte Wohnhaus des Architekten Heinrich Carl Slevogt (1824). An der Cloppenburger Straße liegt die große Villa des Kammerherrn von Lützow (1824) mit Mittelrisalit und Dreiecksgiebel. Auf der anderen Straßenseite befindet sich schräg gegenüber das „Haus sieben Eichen", das sich der Kammerherr von Rennenkampff hat bauen lassen (1824/25). Das im Kern klassizistische Haus ist später im neugotischen Stil überformt worden.

Bremer Straße 5, 15, 25, 28, Cloppenburger Straße 2/4, 9

8 DREIFALTIGKEITS-KIRCHE S. 78

Von 1614 bis 1616 ließ Graf Anton Günther in Osternburg eine eigene Pfarrkirche errichten. Der Legende nach, weil ihn das Holzschuhgeklapper störte, das die Osternburger verursachten, wenn sie am Oldenburger Schloss vorbei in die St.-Lamberti-Kirche zum Sonntagsgottesdienst gingen. Das Wappen des Grafen prangt noch heute über dem alten Haupteingang an der Westseite der Kirche. 1734 erweiterte man die Kirche um ein Joch nach Westen und baute einen Turm mit Mittelportal an. Die Kirche fasziniert durch ihre intakte historische Innenausstattung. Das Altarretabel zeigt im Zentrum das letzte Abendmahl und Christus als Heiland der Welt. Hinzu kommen sechs weitere Bilder mit Szenen aus der Heilsgeschichte. Die mit Architekturelementen verzierte Kanzel von 1616 ist farbig bemalt und trägt die Wappen Graf Anton Günthers und

▶ Die Dreifaltigkeitskirche

seiner Frau Sophia Katharina, die er allerdings erst 1635 geheiratet hatte. Der Schalldeckel der Kanzel besteht aus Holz. Das Taufbecken in Formen der Spätrenaissance ist mit sogenanntem Beschlagwerk verziert und stammt aus der Erbauungszeit der Kirche. Es hat einen Messingeinsatz von 1667. Die Balkendecke und die Emporen hat ein Johann Kirchring d. J. 1634 und 1636 bemalt. Vielleicht hat er ebenfalls die Altargemälde geschaffen. Emporen dienen dazu, möglichst vielen Gottesdienstbesuchern Platz zu bieten und sind typisch für protestantische Kirchen der Region. Bemerkenswert ist die für eine evangelische Kirche eher ungewöhnliche Darstellung der Muttergottes mit Krone, Zepter und dem Jesuskind unter der Balkendecke. Über dem Altar findet sich hingegen die Lutherrose an der Decke.

Auf dem alten Osternburger Friedhof, auf dem die Dreifaltigkeitskirche liegt, haben sich einige historische Grabsteine erhalten. Bemerkenswert ist ein barocker Grabkeller aus dem frühen 18. Jh. direkt neben der Kirche.

Cloppenburger Straße • Gottesdienst Sa. 18 Uhr, So. 10 Uhr

9 VERWALTUNGSGEBÄUDE DER 50ER-JAHRE

S. 78

Das 1954 bis 1955 erbaute ehemalige Verwaltungsgebäude des Bauunternehmens Ludwig Freytag ist ein besonders schönes Beispiel für das Bauen der Fünfzigerjahre. Das oberste Geschoss springt gegenüber den beiden unteren Geschossen leicht zurück. Turmartig sitzt das runde großflächig verglaste Treppenhaus rechts vom Eingang und gibt den Blick auf die im Innern befindliche Treppe frei.

Altburgstraße 17

10 HEILIG-GEIST-KIRCHE

S. 78

Die katholische Heilig-Geist-Kirche entstand in den Jahren 1926 und 1927. Die Kirche folgt in ihrer Grundstruktur traditionellen Bau-

INDUSTRIESTANDORT OSTERNBURG-DRIELAKE

Oldenburgs historischer Industriestandort liegt im Osten der Stadt, in Osternburg-Drielake, wo im 19. Jh. eine Glashütte und eine Warpsspinnerei und Stärkerei entstanden waren. Das an der Hunte gelegene Werksgelände wird bis heute industriell genutzt, obwohl Glashütte und Spinnerei schon lange ihre Tore geschlossen haben. Zur industriellen Vergangenheit Drielakes gehörten und gehören auch die Werkssiedlungen der Glashütte mit den Namen „Kamerun“, „Kreta“, „Sansibar“ und „Roter Strumpf“. Der „Rote Strumpf“ existiert heute nicht mehr und die alten Bezeichnungen sind heute fast vergessen. Die am authentischsten erhaltene Werkssiedlung im Bereich Nollstraße und Behrensstraße ist allerdings bis heute als „Kamerun“ bekannt geblieben.

Der jüdische Friedhof mit Friedhofskapelle

formen. Hervorzuheben sind die im Innern sichtbaren parabelförmigen hölzernen Binder, die das Dach tragen. Sehenswert ist ferner ein Mosaik mit der Darstellung der Muttergottes mit dem Jesuskind.

Stedinger Straße 52 • Gottesdienst Do. 15.30 Uhr, So. 9.30 Uhr

11 JÜDISCHER FRIEDHOF

S. 78

Der jüdische Friedhof wurde 1814 vor den Toren der Stadt Oldenburg angelegt. Seine Ziegelmauer erhielt er 1866. Die architektonisch interessante Friedhofskapelle von 1920 besteht aus einem rechteckigen Unterbau und einem darüberliegenden durchfensterten Oktogon mit Zeltdach. Die Kapelle war 1938 beschädigt worden und wurde nach dem Zweiten Weltkrieg wieder hergerichtet. Der Friedhof mit zahlreichen historischen Grabsteinen wird heute nicht mehr benutzt. Sein Nachfolger ist der neue jüdische Friedhof auf dem städtischen Friedhof im Stadtteil Kreyenbrück.

Dedestraße

AUSFLÜGE IN DIE UMGEBUNG

Die Stadt Oldenburg liegt im Zentrum des Oldenburger Landes in der Norddeutschen Tiefebene. Die Landschaft lädt dazu ein, sie auch mit dem Fahrrad zu erkunden. Die ehemalige Sommerresidenz Rastede oder die Klosterruine Hude bieten hier reizvolle Ziele in der näheren Umgebung Oldenburgs. Am Zwischenahner Meer liegt der Kurort Bad Zwischenahn mit einem Rundwanderweg um den Binnensee. Das Museumsdorf Cloppenburg gehört zu den meist besuchten Museen Niedersachsens. Auch die friesischen Städtchen Varel und Jever, das preußische Wilhelmshaven, die Industriestadt Delmenhorst und die Städte Wildeshausen und Vechta haben manch überraschende Sehenswürdigkeit zu bieten.

SEHENSWERTES

Rastede Schloss, Palais, Schlosspark und Pfarrkirche mit Krypta. S. 94 1

Varel Mittelalterliche Schlosskirche, Kuriositätenmuseum und der historische Küstenbadeort Dangast. S. 94 2

Jever Nicht nur wegen des dort gebrauten Bieres einen Besuch wert. S. 95 3

Klosterruine Hude Der romantischste Ort der Region. S. 97 5

Pfarrkirche Rastede

siehe große Karte S. 92

Cloppenburg Das Museumsdorf ist eines der besucherstärksten Museen Niedersachsens. S. 101 10

GASTRONOMIE

Bauernhofcafé Heinrichshof Idyllisches Bauernhofcafé mit Tieren zum Anfassen. S. 115 73

Kalaboush Die kulinarische Preziose des Oldenburger Landes finden Gourmets im Bakumer Ortsteil Lüsche. S. 115 77

Janßen Hof Bauernhof und Café mit Hofladen, wo die Familie auch swingolfen kann. S. 116 90

Kurhaus Dangast Eines der beliebtesten Ausflugsziele. Wegen seines Charmes. Und wegen seines Rhabarberkuchens, der schon Legende ist. S. 116 91

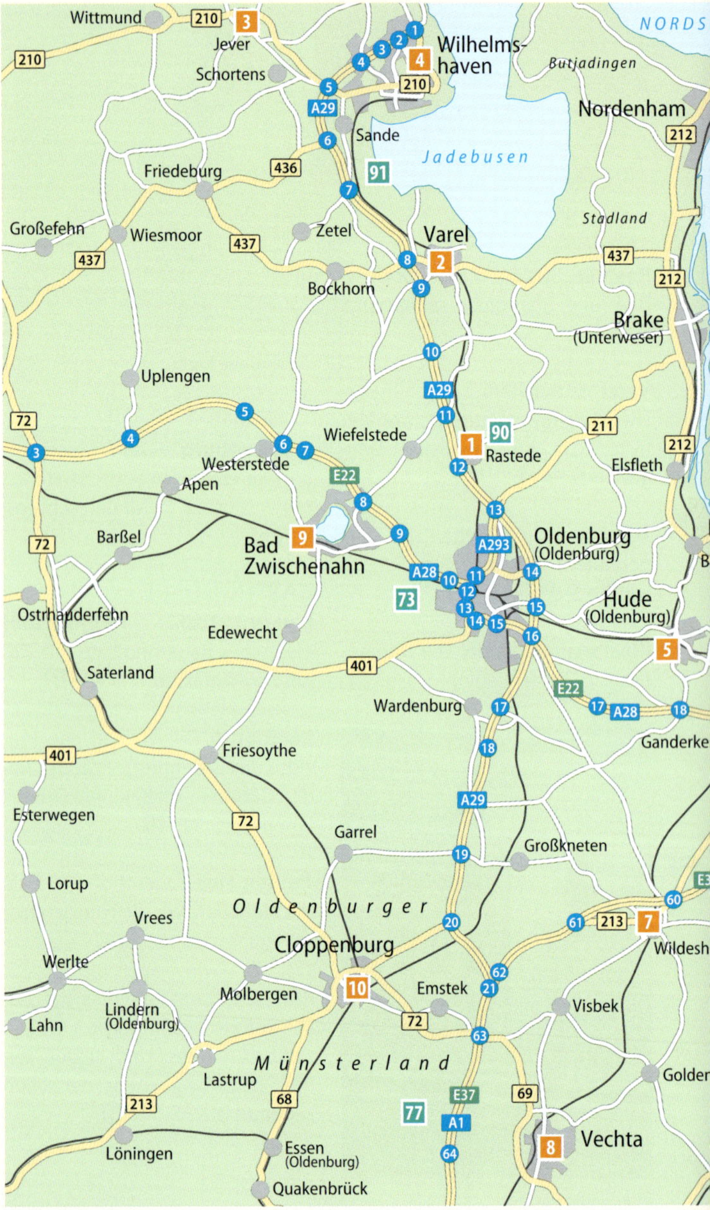

NORDS
Wittmund
Jever
Schortens
Wilhelms-
haven
Butjadingen
Nordenham
Sande
Jadebusen
Friedeburg
Großefehn
Wiesmoor
Zetel
Varel
Stadland
Bockhorn
Brake
(Unterweser)
Uplengen
Wiefelstede
Rastede
Elsfleth
Westerstede
Apen
Barßel
Bad
Zwischenahn
Oldenburg
(Oldenburg)
Hude
(Oldenburg)
Ostrhauderfehn
Edewecht
Saterland
Wardenburg
Ganderke
Friesoythe
Esterwegen
Garrel
Großkneten
Lorup
Oldenburger
Vrees
Cloppenburg
Wildesh
Werlte
Emstek
Molbergen
Lindern
(Oldenburg)
Visbek
Lahn
Münsterland
Lastrup
Golder
Vechta
Löningen
Essen
(Oldenburg)
Quakenbrück

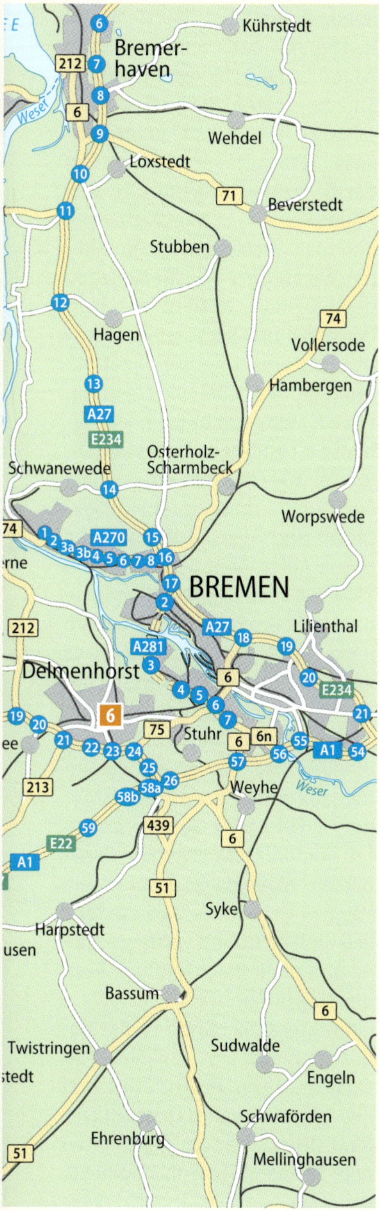

SEHENSWERTES

GASTRONOMIE

1 SOMMERRESIDENZ RASTEDE S. 92

Die Sommerresidenz der Herzöge und Großherzöge von Oldenburg ist auch historisch eng mit der oldenburgischen Geschichte verbunden. Die St.-Ulrichs-Kirche, deren Ursprünge auf das Jahr 1059 zurückgehen, besitzt als einzige Kirche des Oldenburger Landes eine Krypta. Diese soll die Privatkapelle des Grafen Huno und seiner Frau Willa gewesen sein. Hunos Neffe Egilmar ist der erste namentlich bekannte Vorfahr der Oldenburger Grafen. An der Stelle eines Benediktinerklosters, dessen Kirche 1091 geweiht worden ist, steht heute das Schloss Rastede. Der im Kern barocke und dann klassizistisch überformte Bau des 18./19. Jh.s ist noch heute im Besitz der Herzöge von Oldenburg und nicht zu besichtigen. Dagegen ist der weitläufige Schlosspark bis auf den Kernbereich am Schloss frei zugänglich. Das Erbprinzenpalais „Palais Rastede", gegenüber vom Schloss im eigenen Palaisgarten gelegen, bietet eine Dauerausstellung zur Sommerresidenz Rastede und wechselnde Kunstausstellungen.

Nordwestbahn Richtung Wilhelmshaven, Bahnhof Rastede

2 VAREL S. 92

Die Stadt Varel besitzt in der mittelalterlichen Schlosskirche aus dem 12. Jh. und ihrer Ausstattung aus dem frühen 17. Jh. einen wirklichen Schatz. Das Ensemble aus Altarretabel, Taufstein und Kanzel, das der Hamburger Bildhauer Ludwig Münstermann im Stil der späten Renaissance geschaffen hat, ist von ungewöhnlicher Pracht. Die Ausstattung der Schlosskirche gehört zu den Hauptwerken Münstermanns, den man auch nach seinem älteren Würzburger Künstlerkollegen den „Riemenschneider des Nordens" nennt. Das Vareler Schloss ist nicht erhalten. Im Heimatmuseum gibt es neben vielem anderen ein Modell zu besichtigen. Sehenswert ist ferner die Windmühle von 1847/48 mit Ausstellung. Für Oldtimerfreunde ein Leckerbissen sind zwei in Varel gebaute Hansa-Automobile von 1919 und 1924. Sie stehen in einer Remise in der Nachbarschaft der Mühle. Am Rande Varels liegt das Waisenhaus von 1671. Der architektonisch bedeutende Bau, der den Übergang von der Renaissance zum Barock markiert, ist von einem illegitimen Sohn des letzten Oldenburger Grafen Anton Günther errichtet worden. Er wollte seine Dankbarkeit zeigen dafür, dass ihn sein Vater in den Adelsstand erheben ließ und mit Gütern versorgte. Seine und seiner Nachkommen Residenz lag in Varel.

Ein echter Geheimtipp ist das Kuriositätenmuseum Spijöök im Ortsteil Vareler Hafen, etwa drei Kilometer von Varels Ortskern entfernt. Hier werden Kuriositäten und Seemannsgarn in origineller Weise thematisiert.

Der Hafen von Dangast

Zur Stadt Varel gehört der sechs Kilometer entfernte historische Küstenbadeort Dangast am Jadebusen mit seinem alten Kurhaus von 1820. Dangast ist auch als Künstlerkolonie berühmt. Im frühen 20. Jh. arbeiteten hier Karl Schmidt-Rottluff, Erich Heckel und Max Pechstein, Angehörige der Künstlergruppe „Brücke". Im ehemaligen Wohnhaus des Malers Franz Radziwill finden regelmäßig Sonderausstellungen statt. Bis heute arbeiten Künstler in Dangast. Einige ihrer Werke sind in Dangast zu besichtigen.

Nordwestbahn Richtung Wilhelmshaven, Bahnhof Varel. Busverbindung nach Dangast

3 JEVER S. 92

Klein, aber ungemein fein ist Jever, eine Stadt, die nicht nur wegen des dort gebrauten friesisch herben Bieres einen Besuch verdient. Jevers Altstadtgassen laden ein zum Bummeln und zum Verweilen. Der Ursprung des dortigen Schlosses liegt in einer alten friesischen Häuptlingsburg. Als Landmarke überragt der Schlossturm, der alte Bergfried der Burg, mit seiner barocken Zwiebelhaube von 1736 weithin sichtbar Stadt und Land. Heute beherbergt das Schloss das Schlossmuseum Jever. Unbedingt sehenswert ist die geschnitzte Renaissancedecke aus dem 16. Jh. im Audienzsaal des Schlosses. In dieselbe Zeit gehört das wirklich großartige, aufwendig verzierte Grabmal des letzten Häuptlings von Jever, Edo Wiemken, in einem Choranbau der Stadtkirche. In unmittelbarer Nachbarschaft der Kirche steht das historische Rathaus aus dem frühen 17. Jh. Das alte Amtshaus und das Haus der Ge-

treuen gehören ebenfalls zu den Sehenswürdigkeiten Jevers. Einen Besuch lohnt auch die Blaudruckerei im Kattrepel, wo noch heute ein traditionelles Handwerk gepflegt wird.

Nordwestbahn, Bahnhof Jever

4 WILHELMSHAVEN S. 92

Angelegt als preußischer Kriegshafen, bietet Wilhelmshaven bis heute das Bild einer preußischen Stadt im Oldenburger Land. Die Architektur in der Südstadt erinnert tatsächlich an Berlin und ist urbaner als etwa in Oldenburg. Das Küstenmuseum, das UNESCO-Weltnaturerbe Wattenmeer Besucherzentrum, das Aquarium am Südstrand und das Deutsche Marinemuseum mit seinen begehbaren Großexponaten machen die maritime Welt am Jadebusen direkt erfahrbar. Die Drehbrücke „Kaiser-Wilhelm-Brücke", das Wahrzeichen der Stadt, ist ein imponierendes technisches Denkmal. Das 1929 vollendete Rathaus Wilhelmshavens gehört zu den bedeutendsten Beispielen des Klinkerexpressionismus in Norddeutschland.

Nordwestbahn, Bahnhof Wilhelmshaven

5 KLOSTERRUINE HUDE S. 92

Die Huder Klosterruine ist ein besonders romantischer Ort. Das Zisterzienserkloster in Hude ist im 13. Jh. aus dem etwa acht Kilometer Luftlinie entfernten Bergedorf hierher verlegt worden. Die gotische Klosterkirche war die größte Kirche des Oldenburger Landes. Im 16. Jh. wurde das Kloster zerstört. Von der Klosterkirche stehen allerdings noch eindrucksvolle Reste. Die Torkapelle des ehemaligen Zisterzienserklosters mit Wandmalereien und einem Schnitzaltar aus dem Mittelalter ist erhalten und dient als evangelische Gemeindekirche. Das frühere Abtshaus ist heute das Huder Gutshaus und nicht zu besichtigen. In einem Ausstellungsraum im Klosterbezirk gibt es u. a. Modelle der Klosteranlage zu sehen. Sehenswert ist schließlich noch die ehemalige Klostermühle.

www.klosterhude.de • Regionalzüge Richtung Bremen, Bahnhof Hude

◀ Die St.-Ulrichs-Kirche in Rastede

6 DELMENHORST S. 92

Heute ist Delmenhorst von seiner Rolle als Industriestadt geprägt. Dem trägt das Nordwestdeutsche Museum für Industriekultur auf der Nordwolle Rechnung. Von ihrer Vergangenheit als Nebenresidenz der Oldenburger Grafen haben sich dennoch Reste in der Stadt erhalten. Der Standort der im 18. Jh. abgebrochenen Burg Delmenhorst beeindruckt mit dem Grabensystem der Graftanlagen, die einst die stark befestigte Wasserburg schützten. Im Stadtmuseum werden Architekturteile der Burg Delmenhorst und Modelle gezeigt. Unter der evangelischen Stadtkirche zeugt die Grafengruft von der Vergangenheit. Bedeutend ist das Jugendstilrathaus von Delmenhorst mit Wasserturm, sehenswert sind außerdem die Städtischen Kunstsammlungen.

Regional- und Fernzüge, Bahnhof Delmenhorst

7 WILDESHAUSEN S. 92

Die älteste Stadt des Oldenburger Landes kann – immer bezogen auf das Oldenburger Land – noch mit weiteren Superlativen aufwarten: Als einzige besitzt sie hier noch sichtbare Teile ihrer ehemaligen Befestigung in Gestalt des Stadtwalls, als einzige hat sie noch ein mittelalterliches Rathaus, das mit seinem Treppengiebel den Marktplatz beherrscht. Die Stiftskirche St. Alexander aus dem 12./13. Jh. ist die größte erhaltene Kirche, der Burghügel am anderen Ende der Stadt der größte des Oldenburger Landes. In der Umgebung Wildeshausens sind bedeutende vorgeschichtliche Denkmale wie das Pestruper Gräberfeld, das größte zusammenhängende Hügelgräberfeld Nord-Mitteleuropas, oder die Kleinenkneter Steine zu besichtigen.

Regionalzüge oder Busverbindung, Bahnhof/Busbahnhof Wildeshausen

8 VECHTA S. 92

Berühmt ist Vechta für seinen Stoppelmarkt, eines der wichtigsten Volksfeste der Region, das jährlich im Spätsommer stattfindet. Darüber hinaus steht in Vechta mit der Propsteikirche eine

Zeughausmuseum Vechta

Bad Zwischenahn: Frühling im Park der Gärten

der wenigen erhaltenen mittelalterlichen Kirchen des Oldenburger Münsterlandes. Ausgestattet ist die Kirche aber vorwiegend im Stil des Barock. Zum Kirchenschatz gehören zwei mittelalterliche Armreliquiare des Heiligen Alexander, die aus Wildeshausen hierhergekommen sind, und eine barocke Strahlenkranzmadonna. Das Museum im Zeughaus hat sich auf mittelalterliche Erlebniswelten spezialisiert. Das Zeughaus ist Teil der teilrekonstruierten Zitadelle aus dem 17. Jh. In unmittelbarer Nähe der Zitadelle wird ein mittelalterliches Eins-zu-eins-Burgmodell auf drei Inseln geschaffen, das sich an der ehemaligen Burg Vechta orientiert.

Nordwestbahn, Bahnhof Jever

9 BAD ZWISCHENAHN S. 92

Idyllisch am Zwischenahner Meer, der „Perle des Ammerlandes", gelegen, ist der Ort heute durch den Kurbetrieb geprägt. Im Ortsbereich lädt die Kurpromenade am Ufer des Binnensees zum Flanieren ein. Die mittelalterliche St.-Johannes-Kirche mit ihrer historischen Ausstattung liegt direkt am Zwischenahner Meer. Das Freilichtmuseum „Zwischenahner Bauernhaus" besteht aus 14 Gebäuden, zu denen auch eine Windmühle gehört. Um das Zwischenahner Meer herum führt ein Rundweg, der ungefähr zwölf Kilometer lang ist. Am Weg liegen die Reste der Motte Elmendorf, einer mittelalterlichen Turmhügelburg-

anlage mit drei Hügeln, und der Park der Gärten: Das Gartenkulturzentrum Niedersachsen bietet mit seinen mehr als 40 Themengärten ein pures Gartenerlebnis.

Regional- und Fernzüge Richtung Leer/Norddeich, Bahnhof Bad Zwischenahn

10 CLOPPENBURG S. 92

Am Rand der Cloppenburger Altstadt, in Krapendorf, erhebt sich die St.-Andreas-Kirche. Die Wandpfeilerkirche besitzt noch eine geschlossene barocke Ausstattung des frühen 18. Jh.s mit Hochaltar, Nebenaltären, Kanzel und Kommunionbank. Am anderen Ende von Cloppenburgs Innenstadt befinden sich beim Amtsgericht und dem klassizistischen Amtshaus die Reste der Cloppenburg. Zu sehen ist hier das Fundament des Rundturms der Burg mit Mauerresten.

In Cloppenburg liegt das Museumsdorf Cloppenburg. Mit mehr als 50 Gebäuden aus der Zeit seit dem 16. Jh., die hier originalgetreu wiederaufgebaut wurden, gehört das Museumsdorf zu den besucherstärksten Museen Niedersachsens. Bauernhäuser, Scheunen, Mühlen, Dorfschule, eine Dorfkirche, ein Herrenhaus, ein – auch heute bewirtschafteter – Dorfkrug und mehr bieten einen einzigartigen Einblick in bäuerliches Wohnen, Leben und Arbeiten sowie altes Handwerk in Niedersachsen.

Bei Cloppenburg befindet sich mit dem Ortsteil Bethen der nördlichste Marienwallfahrtsort Europas. Bethen ist etwa vier Kilometer von der Cloppenburger Innenstadt entfernt. Die Gnadenkapelle aus dem 17. Jh. birgt das spätmittelalterliche Gnadenbild der Schmerzhaften Muttergottes von Bethen. Die Wallfahrtskirche ist in neubarocken Formen nach dem Ersten Weltkrieg errichtet worden.

Nordwestbahn Richtung Osnabrück, Bahnhof Cloppenburg

◀ Kappenwindmühle im Museumsdorf Cloppenburg

KLEINE STADTGESCHICHTE

1032 Errichtung einer Befestigung zur Kontrolle der Huntefurt bei Drielake an der Straße zur Nordseeküste („Heidenwall").

1042 Erweiterung der Befestigung an der Drielaker Huntefurt.

nach 1100 Verlegung der Huntequerung von Drielake nach Westen, Bau der Oldenburg zur Kontrolle des neuen Hunteübergangs.

1108 In einer Urkunde wird Oldenburg zum ersten Mal genannt. Hier sollen Boten des Klosters Iburg als Lohn für Gebete für das Seelenheil der Familie des Grafen Egilmar jährlich 90 Bund Aale abholen.

1149 Zum ersten Mal wird ein Graf (Christian I.) in einer Urkunde als „Graf von Oldenburg" bezeichnet.

1167 Belagerung und Einnahme der Oldenburg durch Heinrich den Löwen.

1237 Erster Beleg für einen Leutpriester in Oldenburg und damit Hinweis auf die St.-Lamberti-Kirche.

um 1270 Brand der Siedlung Oldenburg infolge eines Junkeraufstandes.

1345 Oldenburg erhält das Stadtrecht.

1377 Die St.-Lamberti-Kirche wird zur Stiftskirche erhoben.

1448 Graf Christian von Oldenburg wird König von Dänemark.

1467/68 Bau des Lappan als Glockenturm der Heilig-Geist-Kapelle.

1527/29 Reformation in Oldenburg.

1573 Evangelische Kirchenordnung in Oldenburg.

1607 Beginn des Umbaus der alten Oldenburg zum Renaissanceschloss.

1608 Gründung des Oldenburger Kramermarktes durch Graf Anton Günther.

1623 Der Feldherr der katholischen Liga, Tilly, bedroht Oldenburg, kann aber von Graf Anton Günther dazu bewegt werden, die Stadt zu verschonen.

1667 Nach dem Tod des letzten Oldenburger Grafen Anton Günther fällt die Grafschaft Oldenburg an den dänischen König (zunächst anteilig, dann vollständig 1676).

1676 Infolge von Blitzeinschlägen an drei Stellen fallen große Teile des Stadtgebietes einem verheerenden Brand zum

Opfer. Der Wiederaufbau erfolgt auf dem mittelalterlichen Grundriss.

1709 Der Lappan bekommt seine stadtbildprägende „welsche Haube".

ab 1732 Ausbau Oldenburgs zu einer modernen Festung. Vollendung der Befestigung 1746, Aufgabe der Festung 1764.

1773 Die Grafschaft Oldenburg wird unter dem Herzog von Holstein-Gottorp (jüngere Linie) und Fürstbischof von Lübeck, Friedrich August, wieder selbstständig. Der neue Landesherr und sein Nachfolger behalten ihre Hauptresidenz zunächst noch in Eutin.

1774 Die Grafschaft Oldenburg wird zum Herzogtum erhoben.

1786 Gründung einer Ersparungskasse. Die 1913 in „Landessparkasse zu Oldenburg" umbenannte Einrichtung ist die älteste ununterbrochen bestehende Sparkasse der Welt.

1786 Errichtung des herzoglichen Mausoleums auf dem Gertrudenfriedhof. Beginn des klassizistischen Ausbaus Oldenburgs (bis 1790).

1792 Eröffnung der Herzoglichen Bibliothek, Vorgängerin der heutigen Landesbibliothek Oldenburg.

1793 Gründung eines Lehrerseminars in Oldenburg. Aus dem Lehrerseminar geht über die Pädagogische Akademie (1929) und die Pädagogische Hochschule (1948) die Universität Oldenburg (1973) hervor.

1803 Oldenburg wird offizielle Hauptresidenz der Herzöge von Oldenburg.

1810/11 Oldenburg gehört zum Kaiserreich Frankreich (bis 1813).

1829 Annahme des Großherzogstitels durch Paul Friedrich August. Das Großherzogtum Oldenburg besteht aus dem Herzogtum Oldenburg und den Fürstentümern Lübeck (ohne die Hansestadt Lübeck) und Birkenfeld.

1832/33 Bau des ersten Theaters in Oldenburg, Vorgänger des heutigen Oldenburgischen Staatstheaters.

1836 Eröffnung eines naturkundlichen Museums (heute „Landesmuseum Natur und Mensch Oldenburg“).

1867 Eisenbahnanbindung Oldenburgs (Bremen–Oldenburg–Heppens).

1918 Abdankung des letzten Großherzogs, Friedrich August.

1919 Konstituierung des Freistaats Oldenburg.

1922 Wesentliche Vergrößerung des Stadtgebietes durch Eingemeindungen (bis 1948).

1923 Im Schloss wird das Landesmuseum eröffnet (heute „Landesmuseum für Kunst und Kulturgeschichte Oldenburg“).

1932 Im Freistaat Oldenburg bekommt die NSDAP bei den Landtagswahlen die absolute Mehrheit der Mandate und regiert zum ersten Mal allein in einem Land des Deutschen Reiches.

1946 Der Freistaat Oldenburg geht im Land Niedersachsen auf. Die Stadt Oldenburg bleibt Sitz des gleichnamigen Verwaltungsbezirks und ab 1978 der Bezirksregierung Weser-Ems. Infolge des Zuzuges zahlreicher Vertriebener wird Oldenburg Großstadt.

1967 Einrichtung der ersten flächendeckenden Fußgängerzone in einer deutschen Innenstadt.

1973 Gründung der Universität Oldenburg, die 1991 auch offiziell den Namen Carl von Ossietzky Universität Oldenburg erhält.

2005 Auflösung des Regierungsbezirks Weser-Ems. In Oldenburg verbleibt eine Regierungsvertretung.

2009 Oldenburg erhält die Auszeichnung „Stadt der Wissenschaft“.

Strohhalm
1A
COCKTAIL
Happy Hour
18⁰⁰ - 01⁰⁰
€4,25
Tägl.
von
Summer Special
Hugo € 3,40
Aperol Spritz € 3,40
Sangria
1l Karaffe € 7,50

GASTRONOMIE

Oldenburg schmeckt. Eine Vielzahl gastlicher Häuser bringt in vielerlei stimmigem Ambiente ambitionierte wie bewährte, oft saisonale wie regionale Küche auf die Teller. Ebenso lohnend sind Besuche der netten Cafés mit ihren süßen Freuden aus Backstube und Konditorei. Ist es warm und sonnig, dann ist die Stadt ein einziges großes Straßenlokal. Und schließlich gibt es – weit über die Kneipenmeile Wallstraße hinaus – noch die Chance, den Tag anständig in die Nacht hinein ausklingen zu lassen.

REGIONAL UND RUSTIKAL

1 Bümmersteder Krug Winterzeit ist Grünkohl-Zeit, und einen Ort zu finden, wo er besser schmeckt als hier, das dürfte schwer sein. Im Frühling, Sommer, Herbst und Winter kommt aber auch anderlei Deutsches auf den Tisch, drinnen wie draußen im Garten. Sandkruger Straße 180 • Tel.: (0441) 42615 • www.buemmersteder-krug.de • Di.–Sa. ab 17 Uhr, So. ab 11.30 Uhr •

2 Caldero Wer gegenüber dem Rathaus den modernen Lambertihof mit seinen Läden und Lokalen betritt, wird erstaunt sein, dass es hier (gleich rechts) hinunter in ein richtig altes Kellergewölbe geht, wo deftiger Grünkohl mit Bier ebenso zu so genießen ist wie Tapas und Wein. Und ist das Wetter danach, geht's auch draußen. Markt 22 • Tel.: (0441) 36137080 • www.caldero.de • Di.–Sa. ab 12 Uhr, So. ab 17 Uhr, Mo. Ruhetag, aber im Dezember geöffnet ab 17 Uhr

◄ Oldenburgs Kneipenmeile ist die Wallstraße

3 Etzhorner Krug Gutbürgerlich, deftig, bewährt, saisonal aufgemischt und prima gelegen als Station für die Fahrradtour um die Stadt. Butjadinger Straße 341 • Tel.: (0441) 3616700 • www.etzhornerkrug.de • Mo.–Sa. 18–21 Uhr •

4 Ratskeller Oldenburg Mitten in der Stadt unten im Rathaus und auf der Terrasse davor gibt's deutsche Küche, gutbürgerlich und mit saisonalen Spezialitäten. Markt 1 • Tel.: (0441) 9250001 • www.ratskeller-oldenburg.de • Mo.–So. 11–24 Uhr, warme Küche 11.30–14.30/17.30–23 Uhr, Sa. durchgehend

5 Zum Drögen Hasen Draußen in Wechloy noch hinter der Universität, fein für einen Ausflug mit dem Fahrrad. Drinnen und draußen gibt's Deutsches plus X. Drögen-Hasen-Weg 111 • Tel.: (04 41) 8 80 07 • www.zum-drö gen-hasen.com • Mo.–Sa. ab 14 Uhr, So. ab 11 Uhr •

INTERNATIONAL

6 Akdeniz Außerhalb der Innenstadt, mitten im Wohngebiet (in Bürgerfelde), gibt es türkische Küche, klasse Service in dezent moderner Atmosphäre. Siebenbürger Straße 86 • Tel.: (04 41) 6 23 93 • www.restaurant-akdeniz.de • Di.–Sa. 17–24 Uhr, So. 12–15/17–24 Uhr •

7 Ali Baba Vom Koch bis zum Kellner und zum Speisekartenaufsteller sorgen hier freundliche, zugewandte Menschen für türkische Schlemmereien in orientalisch angehauchtem Ambiente. Drinnen wie draußen. Ammerländer Heerstraße 120 • Tel.: (04 41) 7 29 99 • www.alibaba-olden burg.de • Mo.–So. 12–14.30/18–24 Uhr •

8 Artischocke Dort, wo die Fußgängerzone mit am schönsten ist, werden aus einer Top-Küche abwechslungsreiche Speisen auf lässige Art gereicht. Exzellent sind die feinen Pastagerichte, zu denen einer der sardischen Weine drinnen wie draußen ganz besonders gut passt. Mottenstraße 22 • Tel.: (04 41) 9 98 75 70 • www.artischocke-ol.de • Mo.–Do. 12–15/18–22 Uhr, Fr./Sa. 11–15.30/18–22.30 Uhr •

9 Athen Manche sagen gar, hier in Bloherfelde gäbe es das beste Gyros der Stadt. Und auch das Lamm könnte kaum freundlicher serviert werden. Freiherr-vom-Stein-Straße 2 • Tel.: (04 41) 5 70 43 46 • www.athen-ol.de • Mo.–Sa. 17.30–23.30 Uhr, So. 11.30–14.30/17.30–23.30 Uhr •

10 Bangkok Köstlich leichte Thaiküche mit knackigem Gemüse – und wer will, bekommt die Speisen auch anständig scharf zwischen Zunge und Gaumen. Nadorster Straße 121 • Tel.: (04 41) 59 35 93 • Mo.–So. 11.30–15/17–23 Uhr •

11 Bei Franz Nah beim Pferdemarkt in der Innenstadt geht's auf in den Kampf gegen die leichte Küche. Die saftigen Steaks und die üppigen Portionen sind legendär. Donnerschweer Straße 6 • Tel.: (04 41) 88 22 86 • Mo.–Sa. 18–24 Uhr, So. 11.30–14.30/18–24 Uhr

12 Bestial Gegenüber dem Theater sieht man, und man wird gesehen. Bei frischen, bunten Speisen in modern schickem Ambiente, drinnen wie draußen oder danach an der Bar, wo man schnell ins Gespräch kommt. Theaterwall 20 • Tel.: (04 41) 2 17 67 14 • www.bestial.de • Mo.–Fr. 10.30–23 Uhr, Sa./So. 17–23 Uhr • (über den Hintereingang)

13 I Giovani cucina e bar Auch im Norden kann man Italien. Pizza & Co drinnen in frischem, hellem Ambiente. Und draußen unter freiem Himmel. Netter kann's in den Biergärten des Südens auch nicht sein. Waffenplatz 1 • Tel: (0 15 90) 3 15 22 92 • www.i-giovani.de • Mo.–Sa. ab 11 •

14 Chianti Classico Urig und gemütlich ist es, klein und schnuckelig, und die Wände sind schief für das Wohlbefinden bei allerlei Speisen zwischen Pasta, Pizza, Fleisch und Fisch. Achternstraße 40 • Tel.: (0441) 12088 • www.chianti-oldenburg.de • Mo.–So. 12–15/18–24 Uhr •

15 Havana Schon seit Ende der 80er-Jahre gibt es den unprätentiösen, lockeren Kubaner am Pferdemarkt. Auch draußen stehen einige Tische. Donnerschweer Straße 8 • Tel.: (0441) 83181 • www.havana-oldenburg.de • Mo.–So. ab 18 Uhr •

16 Rodizio Lazador Brazil Entweder die sogenannten Cortadores säbeln das saftige Rind, Lamm, Schwein oder Geflügel von den Riesenspießen gleich auf den Teller oder man holt es sich vom Buffet. Immer wieder, und mit Gemüse und Salaten dazu. Bis der Bauch platzt. Pferdemarkt 16 • Tel.: (0441) 8007433 • www.rodizio-oldenburg.de • Di.–So. 17.30–24 Uhr

17 Da Luigi Köstliches aus Bioprodukten, zumeist aus der Region, wird hier in stilstark modernem Ambiente gereicht. Nadorster Straße 112 • Tel.: (0441) 883760 • www.ristorante-daluigi.de • Di.–Sa. 17.30–22.30 Uhr, So. 11.30–14.30 Uhr / 18–23 Uhr

18 Veggiemaid Vegane Snacks samt Beratung. Damm 32 • Tel.: (0441) 93655611 • www.veggiemaid.de • Mo./Di 11–15 Uhr, Mi./Do. 11–19 Uhr, Fr. 11–21 Uhr, Sa. 11–18 Uhr, jeden 3. So. im Monat 11–15 Uhr Brunch •

19 Mamma Mia Eine Institution gleich beim Rathaus, wo italienische Küche ohne Schnickschnack, aber auch mit Spezialitäten jenseits von Pizza Fungi gereicht wird. Drinnen wie draußen mit Blick auf die Lambertikirche ist es meist rappelvoll. Markt 19 • Tel.: (0441) 15470 • www.mamma-mia.de • Mo.–Do. 11.30–24 Uhr, Fr./Sa. 11.30–1 Uhr, So. 11.30–24 Uhr •

20 Mykonos Abwechslungsreich saisonal deutsche wie griechische Küche. Tipp: Lamm und Saisonales zur Spargelzeit. Elsflether Straße 60 • Tel.: (0441) 381668 • www.mykonos-wiesenkieker.de • Di.–Sa. 17.30–24 Uhr, So ab 11 Uhr •

21 Patio Hier schmecken Tapas wie allerlei mexikanische Gerichte in der quirlig bunten Atmosphäre der Kulturetage. Bahnhofstraße 11 • Tel.: (0441) 2174747 • www.patio-oldenburg.de • Mo.–Sa. ab 18 Uhr

22 Phönix Ob Flammkuchen oder frittierte Aubergine im Bierteig, ob Steak und Salat oder Zanderfilet auf Fenchel-Lauchgemüse, es passt. Ehnernstraße 15 • Tel.: (0441) 884837 • www.phoenixol.de • Mo.–Fr. ab 18 Uhr, Sa./So. ab 9.30 Uhr •

23 Restaurant Elena am Stadion Schnörkellos griechisch. Und dabei geht es vis-à-vis zur Heimspielstätte des VfB Oldenburg familiär und herzlich zu. Und etwas plüschig. Marschweg 56 • Tel.: (0441) 501424 • Mo.–Sa. 17–0.30 Uhr, So. 12–15/17–0.30 Uhr •

24 Rossini Kreative Küche rund um das Mittelmeer; freundlicher Service, anständige Weine. Ein Ort, sich verwöhnen zu lassen. Marschweg 14 • Tel.: (0441) 14926 • www.rossini-oldenburg.de • Di.–So. 18–24 Uhr, So. auch 12–15 Uhr

25 Safran Charmanter kunstgewürzter Platz mitten in der Stadt. Gut für schmackhafte Überraschungen aus dem Orient. Und das muss nicht mal mit Fleisch sein. Mottenstraße 19 • Tel.: (04 41) 159 11 • www.safran-oldenburg.de • Mo./Di. 11.30–1 Uhr, Mi.–Sa. 11.30–5 Uhr, So./Feiertage 12–1 Uhr

26 Sasso Italienisches wie Regionales pfiffig aufgetischt in modernem Ambiente. Alexanderstraße 126 • Tel.: (04 41) 88 28 41 • www.sasso-ol.de • Mo.–Fr. 12–15/17–24 Uhr, Sa./So. 12–24 Uhr •

27 Sierra International bespielte Küche in entspannter Atmosphäre mitten in der Fußgängerzone. Und zu späterer Stunde tauchen an der Bar auch immer mal ein paar verrückte Vögel auf. Abraham 9 • Tel.: (04 41) 266 60 • www.sierra-bar.de • Di.–So 17–24 Uhr •

28 Sushi Factory Direkt an der Ecke von Waffenplatz und Oldenburgs Kneipenmeile gibt's rohen und frischen Fisch japanisch und vom fließenden Rundband. Wallstraße 18 • Tel.: (04 41) 205 18 90 • www.sushi-factory.com • Mo.–Sa. 12–22.30 Uhr

29 Bodega Oldenburg Snacks und mehr mit Fußball Bundesliga. Wallstraße 3 • Tel.: (04 41) 408 69 12 • www.bodega-online.de/Bodega-Oldenburg/events-oldenburg.php • So.–Do 9–1.30 Uhr, Fr./Sa. 9–3 Uhr

30 Die Beisserei In der ehemaligen Hauptpost wird modern und fein aufgetischt. Poststraße 1 • Tel.: (04 41) 99 84 22 22 • www.beisserei.de • Mo.–Sa. 12–14.30/17.30–24 Uhr, So. 17.30–22 Uhr •

31 Sapori d'Italia Italienischer Feinkostladen und Restaurant mit reichhaltigem Angebot und wechselndem Mittagstisch, sehr schmackhaft und günstig. Liebevoll eingerichtet, tolle Atmosphäre. Kurwickstraße 1 a • Tel.: (04 41) 20 09 42 54 • https://de-de.facebook.com/saporiditalia • Mo./Di./Do./Fr. 10–20 Uhr, Mi. 20–22 Uhr, Sa.10–20 Uhr •

32 Die jungen Wilden Vegan & Fleisch, Pasta & Burger, Salate & Suppen. Innenstädtisch unweit des Pferdemarktes, modern und stylisch. Donnerschweer Straße 29 • Tel.: (04 41) 380 20 93 • http://djwol.de • Di.–Do. 12–14.30/17–22 Uhr, Fr. 12– 14.30/ 17–23 Uhr, Sa./So. 17–23 Uhr

DAS BESONDERE

33 Michael Schmitz Brasserie & Vinothek Für Feinschmecker in der Fußgängerzone im Herbartgang zwischen Waffenplatz und Leffers-eck gelegen, wird drinnen – wie zur Sommerzeit draußen – experimentierfreudige Gourmetküche aufgetischt. Dazu auch ein in schlichter Köstlichkeit gereichtes Angebot zum futtern wie bei Muttern. Und dass die netten, genussbewanderten Menschen regelmäßig auch Weinseminare anbieten, mag darauf hinweisen: Wer hier keinen Tropfen zum Darniederknien findet, mag doch lieber Bier. Herbartgang 6 • Tel: (04 41) 21 90 84 00 • www.schmitz-oldenburg.de/brasserie • Mo.–Sa. 12–23 Uhr •

34 Anna Hunte Ob bei in Dijonsenf gebeiztem Roastbeef, kaltem Paprika-Himbeersüppchen mit Jakobsmuschel oder Matjes „Anna Hunte": Beim Schmausen darf der Blick drinnen wie draußen über den beschaulichen Oldenburger Hafen wie das Oldenburger Stadtpanorama schweifen. Stau 142 • Tel.: (04 41) 340 10 975 • www.

annahunte.de • Di.–Sa. ab 17 Uhr, So. ab 10 Uhr •

35 Klinkerburg Schon kurz nach der Jahrtausendwende wurde aus der alten Bahnhofsgaststätte nach restauratorischen wie innenarchitektonischen Klimmzügen dieses Speiselokal für die gehobene Küche. Saisonal abwechslungsreich und unter fantasiereicher Verwendung regionaler Produkte kann man es sich hier in den imposanten Räumen so richtig gut gehen lassen. Und ja, wenn's sein muss, man kann auch draußen sitzen. Bahnhofsplatz 12 a • Tel.: (04 41) 2 59 29 • www.klinkerburg.de • Mo.–Sa. 11–23 Uhr

36 New York New York Hier kocht Italien, nicht Amerika. Ruckzuck kommen ordentliche Pizza oder Pasta. Dazu flimmert das Interieur so kunterbunt, als habe man den Times Square in diesen Keller geblasen. Hier auf der Kneipenmeile stärken sich bis in den Morgen die Nachteulen. Und wer zu üblichen Essenszeiten kommt, sollte ruhig mal anfragen, was die Küche so außer der Karte empfiehlt. Oder ob der Chef vielleicht grad einen feinen Fisch besorgt hat. Und falls der Hang zu italienischer Speise ernst gemeint ist, bitte unbedingt erwähnen, dass man seine Order à la carte original italienisch zubereitet haben möchte. Draußen sitzen geht auch. Wallstraße 24 • Tel.: (04 41) 1 57 11 • www.new-york-new-york.de • Mo.–Sa. 11–1 Uhr, So. 14–1 Uhr

37 Tafelfreuden Bio und sogar biozertifiziert. Ein so witziges Haus von kreativ anregender Atmosphäre, dass es schon vom Fernsehen für einen Spielfilm entdeckt wurde. Und einen verwunschenen Garten gibt's hier auch. Der alkoholfreie Aperitif schmeckt überraschend gut, und die Küche wird mit der Liebe zum Detail zelebriert, einschließlich der Nachtische. Öko, glutamatfrei, zum sich Belecken. Alexanderstraße 23 • Tel.: (04 41) 8 32 27 • www.tafelfreuden-hotel.de • Di.–Sa. ab 18 Uhr. Frühstück und andere Termine nach Absprache •

GUT UND GÜNSTIG

38 Ching, chang, chong Thai Leckerschmecker. Und zur Not kann man hier auch mal Zutaten kaufen, etwa Zitronengras. Kurwickstraße 29 • Tel: (04 41) 9 50 64 88 • Mo.–Do. 11.30–20.30 Uhr, Fr.–So. 11.30–22 Uhr •

39 Heiermann Currywurst mit Pommes rot-weiß für Nachtschwärmer. Mitten in der Fußgängerzone. Kult. Mottenstraße 7 • Tel.: (04 41) 2 48 94 59 •

40 KaroEinfach Drinnen und draußen Currywurst, Bratwurst, Schnitzel, Frikadellen, Hähnchentaler und Pommes. Dazu 16 verschiedene Saucen aus dem Zapfhahn. Wo gibt es so was schon? Nadorster Straße 159 b • Tel.: (04 41) 8 00 88 05 • www.karoeinfach.de • Mo.–So. 11–22 Uhr •

41 Kashmir Indische Küche in schlichtem Ambiente. Getrunken wird ausschließlich alkoholfrei. Alexanderstraße 39 • Tel.: (04 41) 2 05 00 81 • www.kashmir-oldenburg.de • Mo.–Do./Sa./So. 11.30–14.30/17.30–23 Uhr, Fr. 11.30–14.30 Uhr

42 Biggie B Burger, Hot Dogs und Fritten. Haarenstraße 9 • Tel: (04 41)

18000944 • www.biggieb.de • Mo.–Do. 12–21 Uhr, Fr.–Sa. 12–22 Uhr •

43 Mekong Im Chinarestaurant gibt's Fleisch, Fisch, Vegetarisches wie knackiges Gemüse und Salate. Staulinie 20 • Tel.: (0441) 26000 • www.restaurantmekong.de • Mo.–So. 12–15/18–22.30 Uhr

CAFÉ UND BISTRO

44 Art-Café im Horst-Janssen-Museum Mit traumhaftem Museumsgarten. Hier schmecken Kaffee und Kuchen zur Grafik. Am Stadtmuseum 4–8 • Tel.: (0441) 36166682 • www.artcafe-ol.de • Di.–So. 10–18 Uhr •

45 M&E Heiligengeisthöfe Mit Blick auf das innerstädtische Treiben lässt es sich hier besonders gut draußen in der warmen Jahreszeit entspannen – bei Kuchen, Torte oder Snack. Heiligengeiststraße 26 • www.mueller-egerer.de • Tel.: (0441) 36189588 • Mo.–Fr. 7.30–18.30 Uhr, Sa. 8–18 Uhr, So. 9–17 Uhr •

46 Blätterteich Traumhaftes Café-Kleinod kurz vor der Stadtgrenze. Gekocht wird hier auch: höchst bewusst, saisonal – und mit persönlich bekannten Zutaten. Und klare Sache: Im Garten gibt's einen Blätterteich. Alexanderstraße 412 • Tel.: (0441) 9987 8040 • www.blaetterteich.de • Mi.–So. 10–18 Uhr

47 Café Klinge Im unaufdringlichen Ambiente am Flüsschen Haaren, gleich gegenüber dem Julius-Mosen-Platz, wird in der einstigen Hofkonditorei die traditionelle Torte gereicht, gern auch bei Likör mit Sahnehäubchen. Der Tee schmeckt mit Frankfurter Kranz noch mal so gut, und Pralinen wie Schokolade sind eine Wucht. Theaterwall 47 • Tel.: (0441) 25012 • www.cafe-klinge.de • Mo.–Fr. 8–18.30 Uhr, Sa. 8–18 Uhr, So. 9–18 Uhr

48 Burgcafé Mitten in der Stadt gibt's selbst gebackene Kuchen und das eigene Eis in freundlich moderner Atmosphäre. Drinnen und im Innenhof. Burgstraße 8 • Tel.: (0441) 57001 08 • www.burgcafe-oldenburg.de • Mi.–Mo. 9.30–18 Uhr •

49 Café am Damm Ökokuchen auf ollem Sofa. Besonders nett an Regentagen. Damm 36 • Tel.: (0441) 17330 • Di. 9–23 Uhr, Mi.–Fr. 9–21 Uhr, Sa./So. 10–20 Uhr •

50 Florian Grand Café Ein richtiges, klassisches Kaffeehaus gleich beim Rathaus. Der warme Apfelstrudel ist ein Gedicht. Und vom Frühstück bis in den Abend schmeckt es süß bis herzhaft zu Kaffee und Bier. Allerhand gemischtes Volk ist auch immer zu begucken. Markt 2 • Tel.: (0441) 2489182 • www.florian-ol.de • Mo.–Sa. ab 8.30 Uhr, So. ab 9 Uhr •

51 Café Leutbecher Gleich beim Schloss ist es im gediegenen Traditionshaus so gemütlich wie bei Oma. Und es gibt den berühmten Torfsoden sowie allerlei Oldenburger Spezialitäten mehr. Schloßplatz 18 • Tel.: (0441) 13554 • www.cafe-leutbecher.de • Mo.–Fr. 9–18 Uhr, Sa./So. 11–18 Uhr •

52 Café Merlin Wegen des wunderbaren Kuchens und weil die vielen Lehramt-Erstsemester hier schon wie die Oberstudienräte schnacken.

Ammerländer Heerstraße 100 • Tel.: (04 41) 77 69 84 • Sa./So. 10–18 Uhr

53 Kaffee Hamburg Gleich gegenüber dem Rathaus kann man lässig Kuchen essen, Kaffee, Tee trinken. Frühstück und Mittagstisch gibt's auch. Markt 23 • Tel.: (04 41) 92 51 39 39 • www.kaffeehamburg.de • Mo.–Sa. 9–18 Uhr, So. 10–18 Uhr

54 KaffeeHaus Lindenallee Gemütlich, gediegen, modern mit tollen Torten. Ein Café wie ein einziges großes Sofa. Lindenallee 50 • Tel.: (04 41) 2 19 74 47 • www.kaffeehaus-lindenallee.de • Mi.– So. 9–18 Uhr

55 Kaffeekunst Frühstück, Crêpes, Mittagstisch und sensationellen Kuchen gibt's in der Fußgängerzone, fast zu gut versteckt im Nikolaigang. Bergstraße 6 • Tel.: (04 41) 4 08 61 18 • Di.–Do. 11.30–18.30 Uhr, Fr./Sa. 10–18.30 Uhr •

56 Café Grünstreifen Originell von Frühstück bis Mittagessen. Staugraben 9 • Tel.: (04 41) 59 45 74 03 • www.cafe-gruenstreifen.de • Di.– So. 9–18 Uhr •

KNEIPEN UND BARS

57 Between the Sheets Erfrischende Cocktailbar mit Riesenbetten auf der Kneipenmeile. Wallstraße 12 • Tel.: (04 41) 92 51 42 87 • www.betweenthesheets.de • Mi.–Sa. ab 20 Uhr

58 Bei Beppo Sich politisch links zu bekennen ist kein Muss hier, aber es schadet auch nicht; doch sogar Konservative sollen sich hier schon verliebt haben. Ins Gespräch kommt man also schnell aus allen und in alle Richtungen. Viele Brettspiele zum Ausleihen gibt es, und aus dem Zapfhahn fließt das süffige tschechische Bier Staropramen. Auguststraße 57 • Tel.: (04 41) 9 98 45 33 • www.beibeppo.net • So.–Fr. ab 18 Uhr •

59 Charly's Sensationelle Musikkneipe auf Oldenburgs Kneipenmeile Wallstraße. Sofort zu Hause fühlt sich, wer auf Rock 'n' Bier oder auf Jägermeister vom Fass steht. Es bolzt anständig aus den Boxen, ganz besonders urwüchsig mit kerniger Liveband. Die Glanzlichter gibt's als Sampler sogar auf CD oder auf der Internetseite als Open iPod, und am Kickertisch fallen die Tore im Takt. Wallstraße 26 • Tel.: (04 41) 2 17 16 30 • www.charlys-musikkneipe.com • Mo.–Sa. ab 19 Uhr

60 Fiddler's Green So muss ein irischer Pub sein: Immer wieder mal Livemusik, allerhand Whiskys und lockere Leute • Wallstraße 19 • Tel.: (04 41) 1 66 22 • www.fiddlersgreen-oldenburg.de • Mo.–Fr. ab 17 Uhr, Sa. ab 14 Uhr, So. ab 16.30 Uhr •

61 Gaststätte Karins Krone Eine so ehrliche Kneipe, dass sogar Oldenburgs gesellige Schausteller hier gerne mal ihren Eierlikör zum Bier nehmen. Mitten in der Stadt. Bergstraße 15 • Tel.: (04 41) 1 59 59 • Mo.–Sa. 16–1 Uhr

62 Kulturlounge Seelig Beim Chillen zum Sundowner in den Schlosshöfen fühlt sich Oldenburg tatsächlich urban an. Ist nicht das Verkehrteste, hier auf der Dachterrasse abzuhängen. Schloßplatz 2 • Tel.: (04 41) 21 71 92 35 • www.seelig-ol.de • Mo.–Do/So. 9–1 Uhr, Fr./Sa. 9–5 Uhr •

63 Litfaß Innerstädtisch schmeckt hier die hausgemachte Bulette zum Bier. Fußball gucken, draußen sitzen. Niemand nervt rum, und öfter mal gibt's sogar Livemusik. Auch Restaurant. Lindenstraße 56 • Tel.: (0441) 87372 • www.litfass-ol.de • Mo.–So. ab 18 Uhr •

64 Marvin's Unweit des Hafens lockt dieses wunderbare Wirtshaus. Manch einer spricht vom besten Dive der Stadt. Man trifft immer wen zum Quatschen, der Biergarten ist top, Billardtische, buntes Volk, sehr charmant. Rosenstraße 6 • Tel.: (0441) 12469 • www.marvins.de • So.–Do. 19–2 Uhr, Fr./Sa. 20–3 Uhr

65 Polyester Chill, schrill, getanzt wird auch mit Liveband, und manchmal proklamieren Wortakrobaten Gedichtetes. Am Stadtmuseum 15 • Tel.: (0441) 9365754 • www.polyester-klub.de • Mi./Do. 20–5 Uhr, Fr./Sa. 21–5 Uhr

66 Strohhalm Cocktails in lockerer Atmosphäre auf der Kneipenmeile. Wallstraße 1 a • Tel.: (0441) 13024 • www.strohhalm-wallstrasse.de • Mo.–So. 10–3 Uhr

67 Ulenspegel Auf hat er, wenn er auf hat. Und wenn der knorrige Wirt einen mit „Wir woll'n hier keine Gäste" oder „Alles Idioten" begrüßt, hat er blendende Laune. Auch deshalb kommen nach ihren Proben oder Vorstellungen gerne mal die Mimen aus dem Staatstheater rüber. Und sonst findet allerlei Volk den Weg in die „Ule", um frisch gezapftes Jever und Staropramen zu genießen. Vielleicht bei einer Scheibe Brot mit Ammerländer Schinken, und hinterher gibt's einen Alten Hullmann. Wer sich aber zur Weihnachtsmarktzeit mit Rentiergeweih oder rotem Zipfelmützchen hierher verirrt, dem wird tatsächlich die Tür gewiesen. Solche Glühweinverkleidung kann der Wirt, der ab und an selbst schauspielernd wie musizierend auf der Bühne steht, nicht ausstehen. Burgstraße 12 • Tel.: (0441) 13268

68 Wally's Bierstuben Montag bis Sonntag 24 Stunden täglich geöffnet. Muss man mehr sagen? Donnerschweer Straße 75 • Tel.: (0441) 87595

69 Weinbar Artischocke So klein, dass sich höchst exklusiv fühlen darf, wer einen Platz bekommen hat. Dazu das richtige Glas aus dem guten Sortiment, noch ein paar Tapas, dann passt's. Mottenstraße 22 • Tel.: (0441) 9987571 • Mo.–Sa. 12–15/18–22 Uhr

70 Zilles Gediegene Bundesliga-Sportsbar, wo sich immer mal wieder ehemalige Spieler des VfB Oldenburg blicken lassen. Netter Biergarten, da wird auch gegrillt. Edewechter Landstraße 90 • Tel.: (0441) 502417 • www.zilles-lounge.de • Mo.–So. ab 17 Uhr

RESTAURANTS IN DER UMGEBUNG

BAD ZWISCHENAHN

71 Ahrenshof In der gediegenen Gemütlichkeit des historischen Hofes wird drinnen wie draußen regionale wie saisonale Küche gereicht. Auch für Vegetarier. Oldenburger Straße • Tel.: (04403) 4711 • www.der-ahrenshof.de • Mo.–So. 12–23 Uhr •

72 Apicius Feines für Feinschmecker im Restaurant des Hotels Jagdhaus Eiden. Die Gourmet-Küche am Zwischenahner Meer. Eiden 9 • Tel.: (04403) 698000 • www.jagdhaus-eiden.de • Mi.–Fr. ab 18 Uhr, Sa. ab 12 Uhr •

73 Bauernhofcafé Heinrichshof Besonders für Eltern mit kleinen Kindern ist das idyllische Bauernhofcafé mit selbst gebackenem Kuchen, rustikalem Essen sowie Tieren zum Anfassen und der großen Sandkiste einen Ausflug nach Petersfehn wert. Woldlinie 4 • Tel.: (04486) 921470 • www.bauernhofcafe-heinrichshof.de • April–Sept. Di.–Fr. 15–18 Uhr, Sa./So. 10–18 Uhr, Okt.–März Di.–So. 15–18 Uhr •

74 Seehotel Fährhaus Die Terrasse ist ein besonders guter Platz zum wunderbaren Sonnenuntergang, und frischester Fisch wird auch gereicht. Auf dem Hohen Ufer 8 • Tel.: (04403) 6000 • www.seehotel-faehrhaus.de • Mo.–So. 11–23 Uhr •

75 Fährkroog Dreibergen Rustikal, deftig und natürlich Fisch, idyllisch am See gelegen. Mit Gartenterrasse. Dreiberger Straße 25 • Tel.: (04403) 8360 • www.faehrkroog-dreibergen.de • Reservierung erbeten! •

76 Spieker Im Traditionsgasthaus gibt's Deftiges in historischem Ambiente, Aalessen etwa sowie den Ammerländer Löffeltrunk. Am Hogen Hagen 4 • Tel.: (04403) 2324 • www.spieker-gaststaette.de • Mo.–So. 10–23 Uhr

BAKUM

77 Kalaboush Die kulinarische Preziose des Oldenburger Landes finden Gourmets im Bakumer Ortsteil Lüsche, wo man sich geschwind die einzige „Gault-Millau"-Empfehlung weit und breit erarbeitet hat. Die Küche ist sehr kreativ, oft überraschend, manchmal witzig und immer wieder mal mit regionalem Touch. Dazu gibt's hier eine opulente Weinauswahl. Tipp für alle, die es weniger aufwendig (und preisgünstiger) mögen: die Beef-lounge, das Steakhouse im selben Gebäude. Derselbe Besitzer, derselbe Küchenchef, eine andere Karte – und andere Tarife. Essener Straße 53 • Tel.: (05438) 958458 • www.kalaboush.de • Mi.–Sa. 17.30–21.30 Uhr, So. 12–20.30 Uhr •

BRAKE

78 Hullmanns Fischbuffet Aus der See frisch auf den Tisch. Am Binnenhafen • www.neptun-brake.de • Mo.–Do. 9–14.30 Uhr, Fr. 8–17 Uhr, Sa. 8–14.30 Uhr

CLOPPENBURG

79 Dorfkrug Das Cloppenburger Museumsdorf ist nicht nur eines der lohnendsten Ausflugsziele im Norden, hier gibt es auch norddeutsche Küche. Museumsdorf 25 • Tel.: (04471) 2726 • www.dorfkrugimmuseumsdorf.de • März–Okt. Mo.–So. 9–18 Uhr, Nov.–Feb. Mo.–So. 9–16.30 Uhr •

DELMENHORST

80 El Mariachi Im historischen Gebäudekomplex der Nordwolle hat sich mittelamerikanisches Flair breit gemacht. Aus der Küche wie von der Bar kommt's mexikanisch. Fabrikhof 9–11 • Tel.: (04221) 3980292 • www.el-mariachi-delmenhorst.eu • Mo.–Do. 17–24 Uhr, Fr./Sa. 17–2 Uhr, So. 10–14/17–23 Uhr •

GRISTEDE

81 Gristeder Hof Ammerländische Landhausküche frisch und abwechslungsreich und Swingolf als Familienspaß. Heller Landstraße 7 • Tel.: (0 4403) 816767 • www.gristeder-hof.de • Di. 17–23 Uhr, Mi.–Sa. 11–23 Uhr, So. 10–23 Uhr •

HOOKSIEL

82 Brücke Maritim rustikaler Charme im Hafen. Auf den Tisch kommt Fisch, Fisch, Fisch – und der Chef räuchert selbst. Grandios, im Sommer hier draußen zu sitzen. Schleuse 2 • Tel.: (0 44 25) 991747 • www.bruecke-hooksiel.de • Mo.–So. ab 11 Uhr •

HUDE

83 Klosterschänke Rustikale wie regionale Küche, klasse Service in heimeliger Lage gleich beim mittelalterlichen Gemäuerkomplex des ehemaligen Zisterzienserklosters. Von-Witzleben-Allee 3 • Tel.: (04408) 77 77 • www.klosterschaenke-hude.de • Mo.–So. ab 12 Uhr

HUNTLOSEN

84 Meyer's Gasthaus Saisonale Regionalküche, wie sie sein muss, in einem rustikalen Landgasthaus. Drinnen wie draußen. Bahnhofstraße 67 • Tel.: (04487) 92770 • www.meyersgasthaus.de • Di. ab 16 Uhr, Mi.–So. ab 10 Uhr •

85 Schalotte Bioküche und Bioweine in nettem Dorfgasthaus mit idyllischem Garten. Huntloser Moorweg • Tel.: (04487) 1579 • www.schalotte-restaurant.de • Mi.–Sa. 17–22.45 Uhr, So. 12–15/17–22.45 Uhr

JEVER

86 Altstadtbrauerei Marienbräu In rustikal friesischer Gasträumlichkeit gibt's traditionell regionale wie saisonale Speisen zum eigenen Bier. Apothekerstraße 1 • Tel.: (04461) 744990 • www.marienbraeu.com • Mo.–Sa. ab 17.30 Uhr, So. 12–14/ab 17.30 Uhr •

87 Der Butt Frischer Fisch zum frisch gezapften Jever in wunderbar klarem Ambiente. Drinnen wie draußen. Kattrepel 2 • Tel.: (04461) 9187892 • www.der-butt-fischrestaurant.de • Mi.–Mo. ab 11 Uhr •

88 Haus der Getreuen Ins geschichtsträchtige Haus hat man detailfreudig modern wie originell gediegen hineinmöbliert und -gestaltet, um köstlich deutsch aufzutischen. Schlachtstraße 1 • (04461) 7485949 • www.hausdergetreuen.de • Do.–So. 11–23 Uhr •

RASTEDE

89 Zum Zollhaus Historisches Ambiente für den gediegenen Genuss. Kleibroker Straße 139 • Tel: (04402) 93810 • www.zumzollhaus.de/restaurant.html • Mo.–Fr. 18–22 Uhr, Sa. 12–14/18–22 Uhr, So. 12–14/18–21 Uhr •

90 Janßen Hof Idyllisch gelegenes Bauernhofcafé mit Hofladen, wo die Familie auch swingolfen kann. Pantinenweg 4–6 • Tel.: (04402) 83870 • www.janssen-hof.de • Di.– So. 13–18 Uhr •

VAREL

91 Kurhaus Dangast Eines der beliebtesten Ausflugsziele. Wegen seines Charmes. Und wegen seines Rhabarberkuchens, der schon Legende ist. Nicht ohne Reiz ist auch der Ausblick auf den Jadebusen sowie auf die „Skyline" von Wilhelmshaven. Dazu gibt es hier Bilder von lokalen Künstlern zu betrachten wie zu erwerben. An der Rennweide 46 • Tel.: (04451)

44 09 • www.kurhausdangast.de • Fr.–So. 9–19 Uhr

92 Restaurant Schienfatt Saisonal und regional plus X im musealen Haus direkt am Rathausmarkt. Neumarktplatz. Tel.: (0 44 51) 47 61 • www.restaurant-schienfatt.de • Di.–Sa. 18–22 Uhr, Sa. 12–14/18–21 Uhr •

VECHTA

93 Cucina d'Angelo & Hausbrauerei Stierbräu Der eine macht seit langer Zeit die beste Pizza weit und breit und die anderen seit einigen Jahren helles wie dunkles Bier gut zum Wegtrinken. Beide Lokalitäten liegen beieinander, und der eine bekocht auch die anderen. Es passt drinnen wie draußen. Kreuzweg 9 • Tel.: (0 44 41) 9 70 15 50 (d'Angelo) • Tel.: (0 44 41) 91 88 83 (Stierbräu) • www.stierbraeu.de • Di.–So. ab 18 Uhr •

VISBEK

94 Bullmühle Wunderbar in der Natur gelegen, gibt's hier in Siedenbögen rustikale Küche wie wohlschmeckenden Kuchen im Café. Noch ein Geheimtipp. Bullmühle 19 • Tel.: (0 44 45) 9 57 13 85 • www.bullmühle.com • Mi.–Fr. 14–22 Uhr, Sa. 11–22 Uhr, So. 9–21 Uhr •

95 Neumühle Internationale Küche in gediegen festlicher Atmosphäre, idyllisch gelegen. Würdiger Abschluss für einem Tag im Naturpark Wildeshauser Geest. Neumühle 36 a • Tel.: (0 44 45) 28 89 • www.neumuehle-visbek.de • Mi.–Fr. 15–24 Uhr, Sa./So. 12–24 Uhr •

WARDENBURG

96 Wassermühle Abwechslungsreich aufgemischte Küche, ideal um sie bei einem Fahrradausflug in entspannt frischer Atmosphäre zu genießen, drinnen wie draußen im schönen Garten. Wassermühlenweg 14 • Tel.: (0 44 07) 91 98 00 • www.wassermuehle-wardenburg.de • Di.–Fr. ab 17.30 Uhr, Sa./So. ab 10 Uhr •

WILHELMSHAVEN

97 Marco Polo Mit Michelin-Stern und reichlich „Gault-Millaut"-Mützen ausgezeichnete Küche im Restaurant des Columbia Hotels. Herausragende Genusserlebnisse im Wechsel der Jahreszeiten. Jadeallee 50 • Tel.: (0 44 21) 77 33 80 • www.columbia-wilhelmshaven.de • Mo.–So. 12–22 Uhr •

InnenLeben
Rahmen & Wohnkultur Lampe
InnenLeben
Rahmen & Wohnkultur Lampe
Werkstatt
JUL.FREYER

EINKAUFEN

Mit viel Herzblut sind sie geführt, die vielen Ladengeschäfte und Kaufhäuser in Oldenburg. Und hochwertig ballt sich das individuell gepflegte wie große Angebot in der leicht verwinkelten Fußgängerzone, die seit 1967 die Menschen anzieht. Aus Bremen kommen sie her, aus dem Emsland, aus Holland, Friesland oder aus dem Ruhrgebiet. Bummeln und verweilen, Imbiss nehmen, Kaffee trinken, plaudern und dabei das bunte Treiben beäugen. Dafür könnte es kaum einen besseren Ort geben als das Herz dieser Stadt.

ALLERHAND

1 Bio- und Naturprodukte Bürsten und Kosmetik wie auch Nahrungsmittel im Lambertihof. Markt 22 • www.bioladenol.de • Mo.–Fr. 10–18 Uhr, Sa. 10–17 Uhr •

2 Chronometrie Zurhorst Wertige Uhren ausgewählter Hersteller, vorgestellt von Enthusiasten des Handwerks. Auch Oldtimer mit Garantie. Haarenstraße 29 •Tel.: (0441) 9 25 00 15 • www.zurhorst.de • Mo.–Fr. 10–18.30 Uhr, Sa. 10–16 Uhr •

3 Der Bastelkönig Ein wahres Bastelparadies für Papier, Textil, Schmuck, Farben und, und, und. Staulinie 12 • Tel.: (0441) 36 18 32 54 • www.derbastelkoenig.blogspot.de • Mo.–Fr. 10–18 Uhr, Sa. 10–16 Uhr •

◀Viele individuelle Geschäfte machen aus Oldenburg eine ganz besondere Einkaufsstadt

4 die Blumenbinder Sträuße, Töpfe und Accessoires. Heiligengeist Höfe 7 • Tel.: (0441) 2 18 23 23 • www.dieblumenbinder.com • Mo.–Fr. 9–18.30 Uhr, Sa. 9–16 Uhr •

5 Fantasia Ambitionierter Head-&-Grow-Shop mit fetter Auswahl. Staulinie 16–17 • Tel.: (0441) 24 82 82 • www.fantasia-ol.de • Mo.–Fr. 10–18.30 Uhr, Sa. 10–16 Uhr •

6 duftcontor Ein Haus der Düfte, wie man wohl selten eines findet. Exklusives und überraschendes Sortiment für Liebhaber von Wohlgerüchen für den unterschiedlichsten Gebrauch. Ein wunderbarer Ort. Herbartgang 17 • Tel.: (0441) 9 36 53 30 • www.duftcontor.de • Mo.–Fr. 10–18.30 Uhr, Sa. 10–16 Uhr •

7 Julius Freyer Mehr Messer, mehr Klinge geht nicht, die Auswahl ist unglaublich: Vom Taschenmesser über hochwertigste Küchenmesser bis hin zum originalen Samurai-

Schwert. Schon in der dritten Generation gibt's hier: Service-Station, Feinstkorn, Feinkorn, Hartmetall, HSS Schwedenstahl, Papierschneidemesser, Solinger Schneidwaren. Und selbstverständlich wird geschliffen. Baumgartenstraße 5 • Tel.: (0441) 13130 • www.schleiferei-freyer.de • Mo.–Fr. 9.30–12.45/13.30–18.30 Uhr, Sa. 10–16 Uhr •

8 M. Niemeyer Das gute Geschäft mit Printpresse und reichhaltigem Tabaksortiment einschließlich Zigarren und Feuerzeugen. Lange Straße 36 • Tel.: (0441) 15078 • www.niemeyer-cigarren.de • Mo.–Fr. 8–19 Uhr, Sa. 8–18 Uhr •

9 Musikhaus Kötter Akustische Gitarren und Noten, Noten, Noten. Heiligengeistwall 2 • Tel.: (0441) 12871 • www.musikhaus-koetter.de • Mo.–Fr. 10–19 Uhr, Sa. 10–18 Uhr •

10 Onken Der klassische Schreibwarenladen plus X mit reichhaltigem Sortiment und mit großer Abteilung fürs Basteln, Zeichnen, Malen, Airbrush. Lange Straße 62 • Tel.: (0441) 25000 • www.papier-onken.de • Mo.–Fr. 9.30–18.30 Uhr, Sa. 9.30–18 Uhr •

11 Piano Rosenkranz Eines der führenden deutschen Häuser in Sachen Klavier und Flügel. Mottenstraße 8/9. Tel.: (0441) 13948 und 27707 • www.piano-rosenkranz.de • Mo.–Fr. 10–13.30/14–18 Uhr, Sa. 10–13.30/14–16 Uhr •

12 Spirits body art Piercing und Schmuck, spirituell, individuell. Staulinie 16 • Tel.: (0441) 248282 • www.spirits-bodyart.com • Di.–Fr. 10.30–18 Uhr, Sa. 10–16 Uhr •

13 Wallstreet Tatoo & Unitet Tattoo Systems Tätowieren und Piercen in entspannter Atmosphäre. Lange Straße 89 (um die Ecke in der Wallstraße) • Tel.: (0441) 36110404 sowie Donnerschweer Straße 137 • Tel.: (0441) 81012 • www.uts-ol.de • Mo.–Fr. 10–19 Uhr, Sa. 11–18 Uhr •

14 Weltladen Im Ökumenischen Zentrum halten nette Menschen den leckeren, fair gehandelten Oldenburg Espresso und Kaffee sowie vielerlei Dinge vor, auch Gutes zum Verschenken. Kleine Kirchenstraße 12 • Tel.: (0441) 2197284 • www.oekumenisches-zentrum-ol.de • Mo.–Fr. 10–18 Uhr, Sa. 10–16 Uhr

15 Willers Eisenwaren, besser sortiert als der Baumarkt – und das auf 70 Quadratmetern Fläche und mit 24-Stunden-Schraubenautomat. Nadorster Straße 6 • Tel.: (0441) 883066 • www.willers-ol.de • Mo.–Fr. 8–18 Uhr, Sa. 8–15 Uhr

BÜCHER

16 Buch Brader Das zweite große Haus in der Fußgängerzone. Umfassend sortiert und kompetent betreut. Haarenstraße 8 • Tel.: (0441) 218660 • www.buchbrader.shop-asp.de • Mo.–Fr. 10–19 Uhr, Sa 10–18 Uhr •

17 Bültmann & Gerriets Seit 1871. Ein Traum von einer Buchhandlung. Unweit des Rathauses gibt es zu jedem Thema einen unglaublichen Präsentbestand an Büchern. Allein schon mit den Reiseführern ließe sich eine komplette Buchhandlung füllen. Kompetentes und freundliches Personal. Wer hier nichts für seinen Lesegeschmack findet, der will gar kein

Buch. Lange Straße 57 • Tel.: (0441) 924940 • Mo.–Fr. 9.30–19 Uhr, Sa. 9.30–18 Uhr • ♿ ♿

18 Buchhandlung Thye Alteingesessenes Geschäft, wohlsortiert und umfangreich. Mit Literatursalon und den Fachbuchbereichen Recht, Wirtschaft und Steuern. Schloßplatz 21–23 • Tel.: (0441) 3613660 • Mo.–Fr. 9.30–18.30 Uhr, Sa. 9.30–16 Uhr

19 Isensee Diese kleine, feine Buchhandlung ist auch Verlag. Zu finden sind hier insbesondere eine fast unüberschaubare Fülle regionalbezogener geschichtlicher wie literarischer Titel sowie empfehlenswerte Bildbände – und ergänzend zum vorliegenden Reiseführer auch der aus dem Hause Isensee. Haarenstraße 20 • Tel.: (0441) 3614240 • www.isensee.de • Mo.–Fr. 9–18.30 Uhr, Sa. 9–17 Uhr • ♿ ♿

INTERIEUR UND ACCESSOIRES

20 Antiquitäten Klaus J. Smid Ein Geschäft als Schatztruhe historischer Einrichterei. Möbel gibt's, Gemälde und mehr. Wer ein Gutachten braucht, wird bedient, wer restaurieren lassen möchte, auch. Burgstraße 30 • Tel.: (0441) 13777 • Mo.–Fr. 9–18 Uhr, Sa. 10–15 Uhr und nach Vereinbarung

21 Der Hofgarten Neben Blumen sind hier die schönsten Geschenkideen für Heim, Hof und Garten zu finden. Gaststraße 6 • Tel.: (0441) 5700657 • www.hofgarten-oldenburg.de • Mo.–Fr. 10–18.30 Uhr, Sa. 10–18 Uhr

22 Designers House Mobiliar wie allerlei Gegenstände ausgesuchter Hersteller, die aus Wohnraum ein individuelles Heim machen. Herbartstraße 1 • Tel.: (0441) 9736770 • www.designers-house.de • Mo.–Fr. 9.30–18.30 Uhr, Sa. 9.30–16 Uhr

23 Einrichtungen Ullmann Überbordend gut sortiertes Einrichtungshaus für Möbel, Teppiche, Gardinen, Bodenbeläge, Bettwäsche und mehr. Heiligengeiststraße 31/32 • Tel.: (0441) 92345 • www.ullmann.de • Mo.–Fr. 9.30–19 Uhr, Sa. 9.30–18 Uhr • ♿ ♿

24 Innenleben Einrichten, dekorieren, verschenken, Bilder rahmen lassen, Fayancen, Glas, Schalen, Vasen – dieses in einen alten Pferdestall sehr stilvoll hineinrenovierte Geschäft ist schon allein seines Unterhaltungswertes wegen einen Besuch wert. Baumgartenstraße 4a • Tel.: (0441) 26512 • www.innenleben-lampe.de • Mo.–Fr. 10–19 Uhr, Sa. 10–18 Uhr • ♿ ♿

25 Kunstgalerie Barbara Tamm Eine Fundgrube für Art déco. Außerdem finden hier Bilderausstellungen zeitgenössischer, regionaler Kunst statt. Burgstraße 4 • Tel.: (0441) 2174792 • Mo.–Fr. 10–12.30/14.30–18.30 Uhr, Sa. 10–16 Uhr und nach Vereinbarung

26 Schniekes bei Tine Feine Geschenke und Wohnliches. Burgstraße 13 • Tel.: (0441) 35078733 • www.cafe-gruenstreifen.de • Mo.–Sa. 9–18 Uhr • ♿ ♿

27 Rosenbohm Exklusives Einrichtungshaus mit dem vollen Programm für Anspruchsvolle. Pferdemarkt 7 • Tel.: (0441) 88081 • www.moebel-rosenbohm.de • Mo.–Fr. 10–19 Uhr, Sa. 10–18 Uhr • ♿ ♿

ESSEN, TRINKEN, NASCHEN

28 Bäckerei Janssen Die ausgezeichneten Brote und Brötchen sowie Kuchenteilchen haben hier witzige Namen: Liebesknochen, Schwarzes Ferkel, Jam Jam, Schwarzer Peter, Mafioso, Charlotte, Monika, Beisser, Oma und Opa. Von den vielen Filialen in der Stadt seien hier zwei genannt: Gaststraße 11 • Tel.: (0441) 12730 • Mo.–Fr. 7.30–18.30 Uhr, Sa. 7.30–17 Uhr und die mit einer publikumsoffenen Kekserei gleich bei der Kirche St. Lamberti am Kasinoplatz 7 • Tel.: (0441) 2056764 • Mo.–Fr. 7–19 Uhr, Sa. 7–18 Uhr, So. 7.30–12 Uhr • www.baeckereijanssen.de •

29 Das feine Lädchen Lebensmittel. Hindenburgstraße 13 • Tel: (0441) 76 068 • www.facebook.com/feineslaedchen/ • Mo.–F. 6–13.30 Uhr, Mo./Di./Do./Fr. 15.30–18 Uhr, Sa. 8–18 Uhr, So. 8–12 Uhr •

30 tee und meer – Teepalast Gaststraße 10 • Tel.: (0441) 13618 28 54 • www.tee-und-meer.de/teepalast.html • Mo.–Sa. 10–18 Uhr •

31 Iss Fisch Direkt vom Kutter beliefert hier die Fischereigenossenschaft Fedderwardersiel. Und einen Fischimbiss gibt's auch. Bremer Heerstraße 141 • Tel.: (0441) 20946968 • www.krabbenausfedsiel.de • Mo.–Fr. 8–18 Uhr, Sa. 8–13 Uhr •

32 Käse Friese Allerfeinstes Käsesortiment. Zur Mittagszeit kommt der Genuss in dem Feinkostgeschäft mitten in der Fußgängerzone auch aus der Küche. Gaststraße 23 • Tel.: (0441) 25997 • www.kaese-friese.de • Mo.–Do. 8.30–18.30 Uhr, Fr. 8.30–19 Uhr, Sa. 8.30–17 Uhr

33 Vom Fass Essig, allerlei Feinkost sowie Öl, Wein und Spirituosen frisch vom Fass. Kurwickstraße 2 • Tel.: (0441) 5704058 • www.vomfass.de • Mo.–Fr.10–18 Uhr, Sa. 10–16.30 Uhr •

34 Oldenburger Senfonie Kaltgemahlen hergestellt, verlockt hier allerlei köstlicher Senf. Donnerschweer Straße 127 • Tel.: (0441) 2049104 • www.senfonie.eu • Di.–Fr. 9.30–12.30/14–18 Uhr, Sa. 10–13 Uhr •

35 Oldenburger Weinhaus Schloßplatz 12 • Tel.: (0441) 96030833 • Mo.–Fr. 11–18 Uhr, Sa. 11–15 Uhr •

36 Süßholz In diesem winzigen Ladenkleinod am Kaffee Hamburg gegenüber dem Rathaus gibt's Lakritze bis zum Abwinken. Markt 23 • Tel.: (0441) 20052014 • Mo.–Sa. 10–18 Uhr

37 Sultan Erquickend, sich hier einmal quer durch die Theke zu probieren. Groß ist die Auswahl an selbst gemachten Salaten, eingelegten Gemüsen, Pilzen, diversen Käsen, allerlei Antipasti, Cremes, Dips, Saucen und Brot. Dazu Gemüse, Obst, Gewürze und mehr. Ein Laden wie im Urlaub. Ritterstraße 6 • Tel.: (0441) 12598 • Mo.–Fr. 8–19 Uhr, Sa. 8–18 Uhr •

38 Stadtbäckerei Neben dem hier aufgeführten Stammhaus hat die Stadtbäckerei in Stadt und Region etliche andere Filialen. Hier gedeiht bestes, in mehr als 100 Jahren gewachsenes Bäckerhandwerk, und wer will, kann sich sogar sein ganz persönliches, individuelles Brot backen lassen. Tannenstraße 31 • Tel.: (0441) 2

17 07 30 • www.stadtbaeckerei-ol.de • Mo.–Fr. 7–18 Uhr Sa. 7–13 Uhr, So. 8–11 Uhr •

39 Tee & Schokolade Paul Schliemann Sogar vom Magazin „Der Feinschmecker" empfohlen, gibt es hier auserlesene Tees samt Zubehör, feinste Schokoladen und Pralinen sowie Weine. Kurwickstraße 8 • Tel.: (04 41) 1 77 82 • Mo.–Fr. 10–19 Uhr, Sa. 10–18 Uhr

40 Weinhaus Kottkamp Weit über 80 Jahre wird hier mit Wein gehandelt. Und auch wer Whisky schätzt und kennt, wird hier noch freudige Überraschungen erleben. Bei außergewöhnlichen Wünschen geht es in den Keller. Donnerschweer Straße 54 • Tel.: (04 41) 8 80 60 • www.weinhaus-kottkamp.de • Mo.–Fr. 9–13/14.30–18.30 Uhr, Sa. 9–14 Uhr •

41 Sapori d'Italia Italienischer Feinkostladen mit reichhaltigem Angebot an Keksen, Ölen, Weinen, Schinken und mehr. Auch vor Ort zu genießen. Kurwickstraße 1 a • Tel: (04 41) 20 09 42 54 • https://de-de.facebook.com/saporiditalia • Mo./Di./Do./Fr. 10–20 Uhr, Mi. 20–22 Uhr, Sa.10–20 Uhr •

42 Nölker & Nölker Eigenwilliges Geschäft mit selbst geröstetem Kaffee, unvorstellbar vielen Teesorten nebst Teezubehör sowie ausgesuchten Schokoladen und anderen Süßwaren, insbesondere auch die der Osnabrücker Konditorei Leysieffer. Außerdem gibt's ausgefallene Mode. Lange Straße 37 • Tel.: (04 41) 1 32 07 • www.noelker-noelker.de • Mo.–Do 9.30–18.30 Uhr, Fr. 9.30–19 Uhr, Sa. 9.30–18 Uhr •

Köstlich genug für die Feinschmecker-Empfehlung

WOCHENMÄRKTE

43 Rathausmarkt an der Lambertikirche • 21.3.–20.9. Di./Do. 7–14.30 Uhr, Sa. 7–15 Uhr, 21.9.–20.3. Di./Do. 8–14.30 Uhr, Sa. 8–15 Uhr

44 Bauernmarkt Rathausmarkt an der Lambertikirche • Fr. 12–18 Uhr

45 Wochenmarkt am Pferdemarkt • 21.3.–20.9. Di./Do. 7–13.30 Uhr, Sa. 7–14 Uhr, 21.9.–20.3. Di./Do. 8–13.30 Uhr, Sa. 8–14 Uhr

GOLDSCHMIEDEN

46 Caren Lindhorst Alexanderstraße 43 • Tel.: (04 41) 2 19 72 19 • Mo.–Fr. 11–18 Uhr, Sa. 11–14 Uhr •

47 Feingold Gaststraße 16 • Tel.: (04 41) 35 07 99 99 • www.atelier-feingold.de • Di.–Fr. 10–14/15–18 Uhr, Sa. 10–14 Uhr •

48 D'OR Vielfach vom Magazin „Schmuck" in die TOP 100 des deutschsprachigen Raumes aufgenommen. Herbartgang • Tel.: (04 41) 1 21 92 • www.dor.de • Mo.–Fr. 10–18 Uhr, Sa. 10–16 Uhr •

49 Goldschmiede Mansholt Haarenstraße 43 • Tel.: (04 41) 9 60 88 80 • www.mansholt.de • Mo.–Fr. 9–18.30 Uhr, Sa. 10–16 Uhr •

50 TiTo Manufaktur Bergstraße 2 • Tel.: (04 41) 9 50 60 70 • www.tito-geschmeide.de • Mo. 12–18 Uhr, Di.–Fr. 10–18 Uhr, Sa. 10–16 Uhr

51 Die Goldschmiede Speckmann Atelier für Unikatschmuck. Achternstraße 41 • Tel.: (04 41) 1 51 53 • www.goldschmiede-speckmann.de • Mo.–Fr. 9–13.30 Uhr/15–18 Uhr, Sa. 10–14 Uhr oder nach Vereinbarung

MODE UND STOFF

52 Bruns Männermode Freundliche, gut beratende Menschen unterstützen den Mann, sich im gut sortierten Modekaufhaus in das Richtige zu kleiden, die Markenvielfalt rauf und runter. Eine Filiale nahebei kümmert sich um alle mit Übergrößenbedarf. Haarenstraße 5–7 bzw. Lange Straße 60 • Tel.: (04 41) 21 86 70 • www.bruns-oldenburg.de • Mo.–Fr. 10–19 Uhr, Sa. 10–18/Adventsamstage 10–20 Uhr •

53 Guaran Tweed Irish Landhausmode von irischen Topdesignern. Für Damen und Herren. Bergstraße 6 • Tel.: (04 41) 2 48 86 96 • Mo.–Fr. 10–13.30/14.30–16 Uhr, Sa. 10–15 Uhr •

54 Innis Laden Secondhandmode zum Stöbern. Roggemannstraße 29 • Tel.: (04 41) 7 73 45 • secondhand-innis-oldenburg.heise-webanzeige.de • Mo./Mi.–Fr. 9.30–12.30/15–18 Uhr, Di. 9.30–12.30 Uhr, Sa. 10–13 Uhr

55 Isensee Mode In diesem Teil des Familienunternehmens gibt es eine ausgesuchte Auswahl für kleine wie größere Kinder: Babyspielzeug, Kinderkleidung und mehr. Haarenstraße 20 • Tel.: (04 41) 36 14 24 20 • www.isensee.de • Mo.–Fr. 9.30–18.30 Uhr, Sa. 9.30–17 Uhr •

56 Kaffee und Kleid Beim Bummeln ist gut Kaffee trinken, speisen und klönen. Dafür müssen die Frauen dieses Geschäft gar nicht verlassen. Das erfrischende Modesortiment dürfen aber auch Männer (mit) in Augenschein nehmen. Kurwickstraße 6 • Tel.: (0441) 35091330 • www.kaffee-und-kleid.de • Mo.–Fr. 10–18.30 Uhr, Sa. 10–18 Uhr •

57 Leffers In diesem Top-Kaufhaus keine passende Mode zu finden, das dürfte schwer sein. Am besten, man bringt sich etwas Zeit mit, um die in frischer, klarer Architektur geräumig sortierten Mode-Stockwerke zu durchstöbern. Die Zeit zu verkürzen, dafür stünde allerdings jederzeit freundliches und hilfreiches Verkaufspersonal bereit. Wer verschnaufen oder überlegen will, in welche Markenwelten es gehen soll, kann das in einem netten Café mit Blick in die Innenstadt tun. Lange Straße 80 • Tel.: (0441) 92260 • www.oldenburg.leffers.de • Mo.–Sa. 10–19 Uhr •

58 Longin Mode & Kunst Versteckt hinter der Bäckerei Janssen im Nikolaigang liegt dieser sympathisch individuelle Laden, der Mode zum Anziehen, Hüte, Schmuck und Kunst offeriert. Gaststraße 11 • Tel.: (0441) 17029 • www.longin-oldenburg.de • Mo.–Fr. 10–18.30 Uhr, Sa. 10–16 Uhr •

59 MEYBUSCH Modehaus Internationales Topdesign für die Frau. Achternstraße 37 • Tel.: (0441) 27071 • www.meybusch.de • Mo.–Fr. 9.30–19 Uhr, Sa. 9.30–18 Uhr

60 Die Form Damenmode/Herrenmode Sich bei guter Beratung nach nicht alltäglichen Marken umschauen und zwischendurch auch mal kickern, das geht hier. Im Männerladen jedenfalls. Gleich nebenan im Damengeschäft ist solches Spielzeug nicht nötig. Haarenstraße 32 • Tel.: (0441) 2190951 • Haarenstraße 32/33 • Tel.: (0441) 2190932 (Damen) und 2190932 (Herren) • www.die-form.de • Mo.–Fr. 10–19 Uhr, Sa. 10–18 Uhr •

61 Nölker & Nölker/Oilily and friends Farbige, muntere, hochwertige Damenmode. Mottenstraße 2 • Tel.: (0441) 13207 • www.oilily-and-friends.de • Mo.–Fr. 10–18.30 Uhr, Sa. 10–18 Uhr •

62 Second Hand Anziehbar Wer's nicht neu braucht, findet hier sogar noch die 60er- oder 70er-Jahre. Ziegelhofstraße 11 • Tel.: (0441) 81178 • Mo.–Fr. 11–13/14.30–18 Uhr, Sa. 11–14 Uhr •

63 Stilvoll Women Netter kleiner Laden mit guten Labels. Röcke, Hosen, Kostüme, Taschen, Stiefel, Mützen und mehr. Gaststraße 28 • Tel.: (0441) 9259916 • Mo.–Fr. 10–18.30 Uhr, Sa. 10–18 Uhr •

64 Strandrausch Coole Labels für Damen und Herren – und im hauseigenen Outlet „Strandgut" schräg gegenüber gibt's Stücke aus dem gleichem Sortiment auch für kleineres Geld. Gaststraße 22 • Tel.: (0441) 25515 • www.strandrausch.de • Mo.–Fr. 10–19 Uhr, Sa. 10–18 Uhr •

65 du Nord Exklusive internationale Marken. Heiligengeistwall 11 • Tel.: (0441) 17375 • www.du-nord.com • Mo.–Mi. 10–18.30 Uhr, Do./Fr. 10–19 Uhr, Sa. 10–18 Uhr •

66 Windau Das alteingesessene Fachgeschäft für Selbermacher. Mit einer riesigen Auswahl an Modestoffen, Dekostoffen, Baumwollstoffen, Möbelstoffen, Wolle und Kurzwaren. Stau-

Was der Skater so braucht

straße 8 • Tel.: (04 41) 1 73 74 • www.windau-modestoffe.de • Mo.–Fr. 9.30–18 Uhr, Sa. 9.30–17 Uhr •

SCHNELLE HILFE

67 Malis Änderungsschneiderei Super nett, hilfsbereit, genau und schnell – auch bei plötzlichen Maleschen mit Rucksack, Portemonnaie und so weiter. Damm 33 • Tel.: (04 41) 1 33 78 • Mo.–Fr. 9–13/14–18 Uhr, Sa. 9–13 Uhr •

SCHUHE

68 eins-a Schuhmacherei Simme Hier am Schloßplatz herrscht Handwerk. Wer will, bekommt das Paar Schuhe fürs Leben. Schloßplatz 24 • Tel.: (04 41) 1 20 16 • www.eins-a-schuhe.de • Mo.–Do. 9–18 Uhr, Fr. 9–17 Uhr, Sa. 9–14 Uhr

69 Gaspers Edle Männerspielzeuge exklusiver Marken. Herbartgang 19 • Tel.: (04 41) 99 87 38 38 • www.gaspers-oldenburg.de • Mo./Mi./Do./Fr. 10–18 Uhr, Sa. 10–16 Uhr

70 Schuhmachermeister Hasenheit In alter Familientradition blüht das Schuhmacherhandwerk, von der Sohle bis zum ganzen Schuh. Und wer es mit seinem Rollstuhl nicht hinein ins Geschäft schafft, ruft einfach an, und es wird geholfen. Bürgereschstraße 59 • Tel.: (04 41) 8 28 69 • www.schuhmachermeisterhasenheit.de • Mo.–Fr. 9–13/15–18 Uhr

71 Kosy-Schuhe Übergrößen, Untergrößen, lose Einlagen, unterschiedliche Weiten: Hierher kommen Menschen mit exklusiveren Füßen auch von weiter weg. Gaststraße 9 • Tel.: (04 41) 1 47 39 • Mo.–Mi. 10–18.30 Uhr, Do./Fr. 10–19 Uhr, Sa. 10–17 Uhr •

72 Lollipop Kinderschuhe Der Kinderladen von Schuh Schütte (siehe unten). Haarenstraße 18 • Tel.: (0441) 2184433 •

73 Schuh Schütte Modische Trends, Klassiker und Designerware für Damen wie Herren. Haarenstraße 44 • Tel.: (0441) 218440 • www.schuette-schuhe.de • Mo.–Fr. 9.30–19 Uhr, Sa. 9.30–18 Uhr •

74 Zumnorde Gute Marken, auch Topdesigner, im Preissegment von mittel bis gehoben. Achternstraße 3 • Tel.: (0441) 925970 • www.zumnorde.de • Mo.–Sa. 10–19 Uhr •

SPORT UND OUTDOOR

75 dogtown skateshop Skateboards, Schuhe, Textilien. Heiligengeistwall 2 • Tel.: (0441) 2197183 • www.dogtown-skateshop.de • Mo.–Fr. 11–19 Uhr, Sa. 10–19 Uhr •

76 Sport Reckemeier Sportschuhe aller Art sowie die dazu passenden Textilien. Gaststraße 26 • Tel.: (0441) 13110 • www.reckemeier.de • Mo.–Fr. 10–18 Uhr, Sa. 10–16 Uhr, im Advent 10–18 Uhr •

77 Biwak Was man so braucht für die Bewegung und den Aufenthalt draußen, nachts wie tags. Heiligengeiststraße 24 • Tel.: (0441) 26422 • www.biwak.de • Mo.–Fr. 10–18.30 Uhr, Sa. 10–18 Uhr •

78 Unterwegs Ausrüstung, Kleidung, Schuhwerk, alles für das Reisen. Gaststraße 27 • Tel.: (0441) 9987666 • www.unterwegs.biz • Mo.–Fr. 9.30–19 Uhr, Sa. 9.30–18 Uhr •

altera
Hotel
Restaurant
Herbartgang

ÜBERNACHTUNG

Man könnte nicht sagen, Oldenburg hätte überbordend viele Hotels und andere Übernachtungs-Angebote, aber was da ist, hat sich gastfreundlich etabliert. Und dazugekommen sind in den vergangenen Jahren einige Adressen mit Charakter und Klasse. Ein Vorzug fast aller Häuser: Die Wege zu den Anziehungspunkten der Stadt sind zumeist nicht weit.

GEHOBEN BIS LUXURIÖS

1 altera Hotel Mitten in der Stadt direkt an der Fußgängerzone. 56 modern und gradlinig designte Zimmer, davon 8 EZ, 33 DZ, 15 Suiten; Fitness, Sauna, Konferenzräume, WLAN, Parkhaus Waffenplatz, Wäscheservice, Haustiere erlaubt, Gourmet-Küche nebenan in der von denselben Inhabern geführten Schmitz Brasserie, klasse Service. Herbartgang 23 • Tel.: (0441) 219080 • www.altera-hotels.de

2 Acara Hotel Unweit der Fußgängerzone. 62 Zimmer, davon 2 EZ, 54 EZ od. DZ, 6 Suiten; Konferenzräume, Saal, direkter Zugang zu Fitness- und Wellnesslandschaft, WLAN, Tiefgarage, Wäscheservice, Frühstücksraum mit Blick über die Stadt, Bar. Am Stadtmuseum 12 • Tel.: (0441) 20550 • www.acara-hotel.de •

◀ Das moderne altera Hotel im Herbartgang

KOMFORTABLE MITTELKLASSE

3 BEST WESTERN Hotel Heide Sehr gut für Geschäftsreisende im Stadtnorden unweit der A 293. 89 Zimmer, davon 38 EZ, 49 DZ, 2 Suiten; Sauna, Schwimmbad, Konferenzräume, Saal, WLAN, Tiefgarage, Parkplatz, Wäscheservice, Haustiere erlaubt, Restaurant, Bar. Melkbrink 49–52 • Tel.: (0441) 8040 • www.hotel-heide.de •

4 City Club Hotel Oldenburg Mit dem Charme der 80er-Jahre direkt am Messe- und Veranstaltungszentrum Weser-Ems-Halle. 86 Zimmer (EZ od. DZ), 2 Suiten; Sauna, Schwimmbad, Konferenzräume, Saal, WLAN, Parkplatz, Wäscheservice, Haustiere erlaubt, Restaurant, Bar. Europaplatz 4–6 • Tel.: (0441) 8080 • www.cityclubhotel.de •

5 Hermes Hotel All-inclusive-Hotel gleich beim Hauptbahnhof. Witzig: Man partizipiert am hoteleigenen Lottospiel für die Zeit, die man da ist. 50 Zimmer, davon 40 EZ, 5 DZ, 5 Suiten; Sauna, Konferenzräume, WLAN,

Haustiere erlaubt, Parkplatz. Ankerstraße 19 • Tel.: (04 41) 77 93 90 • www.hermes-hotel-oldenburg.de •

6 Hotel Antares Zentral zwischen Bahnhof und Fußgängerzone. 44 Zimmer als DZ oder EZ, 6 Suiten; Sauna, WLAN, Wäscheservice, Haustiere auf Anfrage, Parkplatz. Staugraben 8 • Tel.: (04 41) 9 22 50 • www.antares-hotel.info •

7 Hotel Bavaria Im Stadtsüden verkehrsgünstig an der A 28. 40 Zimmer (EZ od. DZ); Kegelbahn, Sauna, Konferenzräume, WLAN, Parkplatz, Wäscheservice, Haustiere erlaubt, Restaurant, Bar. Bremer Heerstraße 196 • Tel.: (04 41) 20 67 00 • www.hotel-bavaria-ol.de

8 Hotel Etzhorner Krug Im Stadtnorden im Grünen, gut für Naturliebhaber, die gerne auf Fahrradtour gehen. 33 Zimmer, davon 6 EZ und 27 DZ; Konferenzräume, Saal, WLAN, Shuttle-Service, Parkplatz, Wäscheservice, Haustiere erlaubt, prima Restaurant, Bar. Butjadinger Straße 341 • Tel.: (04 41) 3 61 67 00 • www.etzhornerkrug.de •

9 Hotel SPRENZ Zentral nah beim Pferdemarkt, modern, teils stylisch eingerichtete Zimmer. 54 Zimmer, davon 9 EZ, 42 DZ, 3 Suiten; WLAN, Parkplatz, Bar. Heiligengeiststraße 15 • Tel.: (04 41) 8 00 88 80 • www.hotel-sprenz.de

10 Hotel Wieting Traditionsreich und familiengeführt, just modernisiert und renoviert, zentral, unweit des Küstenkanals. 63 Zimmer, davon 24 EZ, 36 DZ, 3 Junior-Suiten; Konferenzräume, WLAN, Tiefgarage, Parkplatz, Haustiere erlaubt, Restaurant, Bar. Damm 29 • Tel.: (04 41) 9 24 00 • www.hotel-wieting.de •

PREISWERT

11 Bed and Breakfast Lüders Mit hübschen Zimmern direkt am Schlossgarten. 5 Zimmer, davon 2 EZ, 3 DZ; WLAN. Wäscheservice, Fahrradverleih. Am Schlossgarten 23 • Tel.: (04 41) 50 29 75 • www.zimmer-am-schlossgarten.de

12 Boarding House Oldenburg Zentral gelegen, moderne, gepflegte schlichte Zimmer mit Miniküche. 9 Zimmer, davon 3 EZ, 6 DZ; WLAN, Parkplatz. Lindenstraße 7 • Tel.: (04 41) 8 70 16 • www.boardinghouse-oldenburg.de •

13 Hotel Heinemann Im Stadtsüden nah dem Klinikum Oldenburg. 22 Zimmer, davon 2 EZ, 19 DZ, 1 MBZ; Kegelbahn, Saal, Konferenzräume, WLAN, Parkplatz, Restaurant, Bar. Klingenbergstraße 51 • Tel.: (04 41) 94 41 00 • www.hotelheinemann.de

14 Hotel Alexander Nah an der A 293 im Stadtnorden. 61 Zimmer, davon 11 EZ, 49 DZ, 1 Suite; Sauna, Konferenzräume, WLAN, Tiefgarage, Parkplatz, Wäscheservice, Haustiere erlaubt, Fahrradverleih, Restaurant, Bar. Alexanderstraße 107 • Tel.: (04 41) 9 80 20 • www.alexander-hotel.info

15 Hotel Wöbken Traditionshaus seit mehr als 155 Jahren im grünen Stadtsüden zwischen Hunte und Kanal. 12 Zimmer, davon 4 EZ, 8 DZ; Kegelbahn, Saal, Parkplatz, Fahrradverleih, Haustiere erlaubt. Hundsmühler Straße 255 • Tel.: (04 41) 95 57 70 • www.hotelwoebken.de

16 Jugendherberge Oldenburg (Innenstadtnah, schlicht und gut, besonders auch für Familien. 24 Zimmer, davon 5 DZ, 19 MBZ; WLAN. Alexanderstraße 65 • Tel.: (04 41) 8 71 35 • www.oldenburg.jugendherbergen-nordwesten.de

DAS BESONDERE

17 Hotel Tafelfreuden Farbig charmante, sehr individuell eingerichtete Zimmer, die wirken wie liebevoll selbst gemacht. 8 Zimmer, davon 2 EZ, 5 DZ, 1 MBZ; Konferenzraum, Saal, WLAN, Parkplatz, Wäscheservice, Haustiere erlaubt, gut zu speisen ist im zertifizierten Biorestaurant, Bar. Alexanderstraße 23 • Tel.: (04 41) 8 32 27 • www.tafelfreuden-hotel.de

18 Rosenbohm Designhotel Im Zentrum unweit der Fußgängerzone. 8 Zimmer, davon 7 DZ, 1 EZ; Luxuriöse, sehr schöne, individuelle und durchgestylte Ausstattung. Pferdemarkt 7 • Tel.: (04 41) 80 06 34 44 • www.rosenbohm-designhotel.de

CAMPING UND WOHNMOBIL

19 Campingplatz Flötenteich Innerstädtisch 100 Stellplätze für Zelte, 8 für Wohnmobile. Mühlenhofsweg 80 • Tel.: (04 41) 3 28 28 • www.campingplatz-oldenburg.de

20 Wohnmobilstellplatz Hymer-Zentrum Nord-West 10 Wohnmobilstellplätze am Stadtrand. Wilhelmshavener Heerstraße 323 • Tel.: (04 41) 9 39 68 88

21 Wohnmobilstellplatz Am Küstenkanal Gleich beim Olantis Huntebad gibt es fünf schön gelegene Wohnmobilstellplätze ohne Ver- und Entsorgungseinrichtungen. Zwei Plätze unter der Autobahnbrücke sind von der A 28 über die Abfahrt Marschweg zu erreichen, drei über den Westfalendamm • Tel.: (04 41) 3 61 31 60

ZIMMERVERMITTLUNG

Bei der Tourist-Information Oldenburg gibt's Beratung und Vermittlung für die Wahl der richtigen Unterkunft. Schloßplatz 16 • Tel.: (04 41) 36 16 13 66 • www.oldenburg-tourist.de • Mo.–Fr. 9.30–18 Uhr, Sa. 9.30–16 Uhr •

KULTUR UND FREIZEIT

In sechs Oldenburger Museen und Ausstellungshäusern gilt die Oldenburger Museumskarte. Für den sehr günstigen Preis von 6 Euro erhält ihr Besitzer an drei aufeinanderfolgenden Tagen Einlass in die Dauerausstellungen des Landesmuseums für Kunst und Kulturgeschichte, des Landesmuseums Natur und Mensch, des Stadtmuseums, des Horst-Janssen-Museums, des Edith-Ruß-Hauses und des Oldenburger Kunstvereins. Auf der Oldenburger Museumskarte sind alle Kontaktdaten der beteiligten Museen sowie die Öffnungszeiten verzeichnet. Sie ist bei der Touristinfo am Schloßplatz sowie in den beteiligten Häusern zu bekommen.

MUSEEN UND SAMMLUNGEN

1 Landesmuseum für Kunst und Kulturgeschichte Oldenburg Zum Landesmuseum für Kunst und Kulturgeschichte gehören das Oldenburger Schloss, das Augusteum und das Prinzenpalais. Im Schloss befinden sich neben den fürstlichen Repräsentationsräumen eine Ausstellung zur oldenburgischen Landesgeschichte und die kunsthandwerkliche Abteilung. Architekturmodelle stellen die Entwicklung der Oldenburg zum Oldenburger Schloss dar. Im Augusteum sind Gemälde alter Meister ausgestellt, die Kunst der neuen Meister ist im Prinzenpalais zu sehen. Das Museum richtet regelmäßig Sonderausstellungen aus. Damm 1 • Elisabethstraße 1 • Schloßplatz • Tel.: (0441) 2207300 • www.landesmuseum-oldenburg.niedersachsen.de • Di.–So. 10–18 Uhr •

◀ So etwas gibt es nur in Oldenburg: der Hörgarten

2 Landesmuseum Natur und Mensch Oldenburg Das Museum besitzt naturkundliche, archäologische und ethnologische Sammlungen. In der Dauerausstellung wird das Oldenburger Land in seiner naturräumlichen Gliederung in Küste, Marsch, Moor und Geest präsentiert. Dabei sind archäologische Zeugnisse und naturkundliche Exponate nach einem ganzheitlichen Konzept in einer modernen Ausstellungsarchitektur zusammengefasst. Zum Programm des Museums gehören wechselnde Sonderausstellungen. Damm 38–44 • (0441) 9244300 • www.naturundmensch.de • Di.–Fr. 9–17 Uhr, Sa.–So. 10–18 Uhr •

3 Stadtmuseum Oldenburg Hervorgegangen aus der Stiftung des Oldenburger Bürgers Theodor Francksen, der der Stadt Oldenburg zwei Villen und seine umfangreichen Kunstsammlungen hinterlassen hat, bietet der Kern des Museums einen Einblick in die großbürgerliche Welt um 1900. Ergänzt wird die Dauerausstellung durch die Bernhard-Winter-Stiftung mit zahlreichen Gemälden aus dem Nachlass des „Porträtisten des Oldenburger Bürgertums" sowie die stadtgeschichtliche Abteilung. Hier machen sechs große Stadtmodelle die Entwicklung Oldenburgs vom Mittelalter bis ins 19. Jh. plastisch erlebbar. Sonderausstellungen runden das Angebot des Stadtmuseums ab. Am Stadtmuseum 4–8 • Tel.: (04 41) 2 35 28 86 • www.stadtmuseum-oldenburg.de • Di.–So. 10–18 Uhr •

4 Horst-Janssen-Museum Der Hamburger Zeichner und Grafiker Horst Janssen ist in Oldenburg aufgewachsen und liegt auch hier begraben. Das Museum ist seinem Werk sowie der grafischen Kunst gewidmet. Die Arbeiten Janssens in der Dauerausstellung werden regelmäßig ausgewechselt. Sonderausstellungen gelten dem Wirken Horst Janssens unter verschiedenen Aspekten sowie anderen international bedeutenden Grafikern und Zeichnern. Am Stadtmuseum 4–8 • Tel.: (04 41) 2 35 28 91 • www.horst-janssen-museum.de • Di.–So. 10–18 Uhr •

5 Edith-Ruß-Haus für Medienkunst Das Edith-Ruß-Haus geht auf eine Stiftung der gleichnamigen Lehrerin zurück. Sonderausstellungen und Veranstaltungen zur Medienkunst bieten die Möglichkeit, diese neue und moderne Kunstgattung kennenzulernen. Katharinenstraße 23 • Tel.: (04 41) 2 35 32 08 • www.edith-russ-haus.de • Di.–Fr. 14–18 Uhr, Sa.–So. 11–18 Uhr •

6 Oldenburger Kunstverein Das Ausstellungsprogramm des Oldenburger Kunstvereins ist der zeitgenössischen Kunst gewidmet. Ferner veranstaltet der Verein, der zu den ältesten Kunstvereinen Deutschlands gehört, Lesungen und musikalische Darbietungen. Damm 2a • Tel.: (04 41) 2 71 09 • www.kunstverein-oldenburg.de • Di.–Fr. 14–18 Uhr, Sa./So. 11–18 Uhr •

7 Oldenburger Computermuseum Das Museum präsentiert Klassiker des Homecomputers aus den Jahren 1977 bis 1987. Unter den ausgestellten Computern sind zwanzig betriebsbereit und können ausprobiert werden. Neue Straße 2 • www.computermuseum-oldenburg.de • Di. 18–21 Uhr •

8 Schlaues Haus Im Jahr 2009 war Oldenburg „Stadt der Wissenschaft". Im Schlauen Haus wird das Konzept des Wissenschaftsjahres 2009 fortgeführt, wissenschaftliche Forschung auf unterhaltsame Weise zu präsentieren. Außerdem ist hier die Touristinfo untergebracht. Schloßplatz 16 • Tel.: (04 41) 36 16 13 66 • www.oldenburg-tourist.de • Mo.–Fr. 9.30–18 Uhr, Sa. 9.30–16 Uhr •

9 Botanischer Garten Gegründet als botanischer Lehrgarten des Oldenburger Lehrerseminars, gehört der botanische Garten heute zur Universität Oldenburg. Zu sehen sind hier im Freien und in Schaugewächshäusern einheimische und exotische Pflanzenarten. Außerdem werden im Garten einige Tiere gehalten, vor allem Vögel.

Philosophenweg 39/41 • Tel.: (0441) 77 7654 • www.botgarten.uni-oldenburg.de • Nov.–Jan. Mo.–Fr. 8–16 Uhr, Sa./So. 10–16 Uhr, Febr. Mo.–Fr. 8–17 Uhr, Sa./So. 10–17 Uhr, März/Okt. Mo.–Fr. 8–18 Uhr, Sa./So. 10–18 Uhr, April/Sept. Mo.–Fr. 8–19 Uhr, Sa./So. 10–19 Uhr, Mai–Aug. Mo.–Fr. 8–20 Uhr, Sa./So. 10–20 Uhr •

10 Hörgarten Oldenburg Die Hörforschung spielt in Oldenburg eine wichtige Rolle. Beim „Haus des Hörens" ist der Hörgarten angelegt worden, der das Thema „Hören" anhand von zehn Exponaten erfahrbar und erlebbar macht. Marie-Curie-Straße 2 • Tel.: (0441) 2172300 • www.hoergarten.de • Mo.–So. 9–18 Uhr •

KONZERT, THEATER, KLEINKUNST

11 Oldenburgisches Staatstheater Das Sechsspartenhaus mit Musiktheater, Schauspiel, Tanz, Kinder- und Jugendtheater, Niederdeutschem Theater und Konzerten wird weit über die Stadtgrenzen Oldenburgs hinaus sehr positiv angenommen. Es verfügt über verschiedene Spielstätten. Neben dem Großen und dem Kleinen Haus sowie dem Spielraum am Stammplatz am Theaterwall nutzt das Theater auch die Exerzierhalle am Pferdemarkt. Ein architektonisches Kleinod ist der Altbau des Staatstheaters mit dem Großen Haus von 1891 bis 1893. Der Zuschauerraum mit seinen drei Rängen ist prachtvoll im Neorokokostil ausgestattet. Theaterwall 28 • Tel.: (0441) 2225221 • www.staatstheater.de •

12 Kulturetage Als soziokulturelles Zentrum bietet die Oldenburger Kulturetage Theateraufführungen, Konzerte, Lesungen und Filmvorführungen. Neben Auftritten auswärtiger Künstler werden auch eigene Produktionen erarbeitet. Außerdem gibt es Kunstausstellungen. Aber auch Partys werden in der Kulturetage gefeiert. Bahnhofstraße 11 • Tel.: (0441) 924800 • www.kulturetage.de •

13 Theater Laboratorium Längst kein Geheimtipp mehr ist das Figurentheater „Theater Laboratorium". Die Stücke, bei denen Schauspieler zusammen mit Figuren agieren, begeistern das Publikum. Nach Anfängen in einer Holzbaracke ist das außergewöhnliche Theater, das von einem Verein getragen wird, mittlerweile in eine größere Spielstätte umgezogen. Neben den Theaterstücken gibt es auch Lesungen und Konzerte. Kleine Straße 8 • Tel.: (0441) 16464 • www.theater-laboratorium.de •

14 Theater Hof/19 Als freies Theater bietet das Theater Hof/19 klassische und moderne sowie selbst entwickelte Stücke. Darüber hinaus gibt es hier regelmäßig Gastspiele zu sehen. Bitte vorher anrufen! Bahnhofstraße 19 • Tel.: (0441) 9555601 • www.theaterhof19.de •

15 Kleinkunstbühne UNIKUM Das UNIKUM ist die Bühne des Studentenwerks Oldenburg. Während der Vorlesungszeit werden hier musikalische Darbietungen, Kabarett und Kleinkunst geboten. Bitte vorher anrufen! Uhlhornsweg 49–55 • Tel.: (0441) 7982658 • www.studentenwerk-oldenburg.de •

16 theater wrede Das „theater wrede" ist ein modernes und fortschrittliches, international vernetztes Theater.

Experimentierfreudigkeit garantiert neuartige Theatererlebnisse. So kommen bei den Aufführungen neue Medien zum Einsatz, die sie zu einem Gesamterlebnis werden lassen. Klävemannstraße 16 • Tel.: (0441) 9572022 • www.theaterwrede.de •

17 Weser-Ems-Halle Das Messe- und Veranstaltungszentrum Oldenburgs, das auf jeden Fall genügend Platz bietet für Großereignisse aller Art. Dem Hallenkomplex ist auch die architektonisch interessante EWE ARENA angeschlossen. Auf dem Freigelände neben der Weser-Ems-Halle findet jährlich der Oldenburger Kramermarkt statt. Europaplatz 12 • Tel.: (0441) 80030 • www.weser-ems-halle.de •

18 Kulturzentrum PFL Im PFL, dem Kulturzentrum der Stadt Oldenburg, finden regelmäßig Lesungen, Vorträge und Konzerte und mehr verschiedener Veranstalter statt. Hier ist auch die Hauptstelle der Stadtbücherei untergebracht. Peterstraße 3 • Tel.: (0441) 2353061 • www.oldenburg.de •

19 Wilhelm 13 Musik- und Literaturhaus Das „Wilhelm 13" nutzen verschiedene Kulturinitiativen und bieten hier ein breit gefächertes Programm. Jazz, Weltmusik, Klassik sowie das hervorragende Programm des Oldenburger Literaturbüros mit kreativen Lesungen, Poetry Slam, Literaturgesprächen und vielem mehr sind hier zu erleben. Wilhelmstraße 13 • www.wilhelm13.de •

20 Staublau // Kreativraum Malkurse, Fotografie, Ausstellungen, Lesungen, Theater und mehr wird im „Staublau" geboten. Staugraben 9 • www.staublau.de

21 Kulturzentrum Ofenerdiek Das wechselnde Programmangebot aus Musik, Theater, Kabarett, Lesungen, Vorträgen, Partys und mehr macht das Kulturzentrum zum kulturellen Zentrum des Stadtteils Ofenerdiek im Stadtnorden. Weißenmoorstraße 289 • Tel.: (0441) 608975 • www.kulturzentrum-ofenerdiek.de •

22 Oldenburger Promenade Ein Musikfestival der besonderen Art ist die „Oldenburger Promenade", die jährlich im Sommer stattfindet. Der Veranstaltungsreigen, der schwerpunktmäßig im und beim Oldenburger Schloss stattfindet, bietet Klassik, Jazz und Weltmusik und auch Kinderpromenaden. Gartenstraße 7 • Tel.: (0441) 59490222 • www.oldenburger-promenade.de

KINO

23 Casablanca Mehrfach prämiertes Programmkino mit drei Kinosälen. Besondere Angebote sind etwa das Kinderkino und das Kaffee-Kuchen-Kino. Johannisstraße 17 • Tel.: (0441) 884757 • www.casablanca.de •

24 Cinemaxx Großkino mit acht seh- wie sitzfreundlichen Kinosälen und modernster Technikausstattung. Stau 79–85 • Tel.: (0441) 2177222 • www.cinemaxx.de •

LIVEMUSIK UND TANZLOKALE

25 Alhambra Autonomes Aktions- und Kommunikationszentrum. Hermannstraße 83 • Tel.: (04 41) 1 44 02 • www.alhambra.de •

26 Amadeus Tanzspeicher Disco, Mottopartys. Mottenstraße 21 • Tel.: (04 41) 2 63 46 • www.amadeus-ol.de

27 César Disco, Singlepartys. Baumgartenstraße 3 • Tel.: (04 41) 36 16 77 04

28 Loft Restaurant und Disco. Baumgartenstraße 2 • Tel.: (04 41) 2 18 26 60

29 Metro Tanzen, trinken, feiern auf drei Ebenen. Die Oldenburger Disco, die am längsten unter ein und demselben Namen besteht. Achternstraße 18 • Tel.: (04 41) 1 64 77 • www.metro-oldenburg.de

30 Polyester Klub Alternative Kultur, wöchentlich internationale Konzerte, Disco, Gesellschaftsspiele, Kicker. Am Stadtmuseum 15 • Mi./Do. 20–5 Uhr, Fr./Sa. 21–5 Uhr

GALERIEN

31 BBK Oldenburg Die Galerie des Bundes bildender Künstlerinnen und Künstler Oldenburg zeigt regelmäßig Ausstellungen mit zeitgenössischer Kunst. Peterstraße 1 • Tel.: (04 41) 2 52 80 • www.bbk-oldenburg.de • Di.–Do. 14–17 Uhr, bei Ausstellungen auch So. 11–14 Uhr

32 Galerie Kunstück Verkaufsgalerie für zeitgenössische Kunst. Einzel- und thematische Ausstellungen, jährlich Skulpturensommer. Industriestraße 1 • Tel.: (04 41) 7 78 02 21 • www.kunstueck.com • Di.–Fr. 15–19 Uhr, Sa. 11–15 Uhr

33 Galerie Lake Von überregionaler Ausstrahlungskraft ist diese Verkaufsgalerie für zeitgenössische Kunst. Die frischen Einzel- und Gruppenausstellungen sind vom Feinsten. Ein echter Tipp für Entdecker. Herbartgang 17 • Tel.: (04 41) 9 98 78 20 • www.galerielake.de • Mo. 10–18 Uhr, Mi.–Fr. 10–18 Uhr, Sa. 10–16 Uhr •

KINDER UND JUGENDLICHE

34 Abenteuerspielplatz Eversten Pädagogisch betreuter Abenteuerspielplatz für Kinder von 6 bis 13 Jahren. Die Angebote reichen vom Baubereich über die Ponywiese bis hin zum Zaubergarten und Wasserbaubereich. Brandsweg 60 • (04 41) 59 21 71 • www.oldenburg.de • 2. Jan.–23. März/ 5. Nov.–21. Dez. 14–18 Uhr, übrige Schulzeit Mo.–Fr. 13–18.30 Uhr

35 Cadillac – Zentrum für Jugendkultur Kulturzentrum für Jugendliche der Stadt Oldenburg. Konzerte, Workshops, Kurse, Partys. Huntestraße 4 a • Tel.: (04 41) 2 35 38 00 • www.oldenburg.de •

SCHWIMMBÄDER

36 OLantis Huntebad Erlebnisbad mit Hallen- und Außenbereich, Großrutschen, Sauna und Gastronomie. Am Schloßgarten 15 • Tel.: (04 41) 3 61 31 60 • www.olantis.com • Mo.–Fr. 6.30–21 Uhr, Sa. 6.30–20 Uhr, So. 8–20 Uhr •

37 Freibad am Flötenteich Freibad mit benachbartem Campingplatz. Mühlenhofsweg 80 • Tel.: (04 41) 3 28 28 • Freibadsaison Mo.–Fr. 6.30–20 Uhr, Sa. 6.30–19 Uhr, So. 8–19 Uhr

orthopäd
schuh–
techni
SCHLAUES
HAUS_
OLDENBURG

INFORMATIONS-ABC

ANREISE

Mit dem Auto Oldenburg ist sehr gut zu erreichen über mehrere Abfahrten der Autobahn A 28, die in Niedersachsen West mit Ost zwischen Leer und Stuhr bei Bremen verbindet, sowie durch die vom Autobahndreieck Ahlhorner Heide nach Wilhelmshaven führende Jadelinie A 29; zusammen mit der A 293 bilden A 28 und A 29 einen Autobahnring um Oldenburg.

Mit der Bahn Oldenburg ist direkt zu erreichen auf den Strecken der Endstationen von Bad Zwischenahn, Bremen, Cottbus, Emden, Hannover, Hude, Osnabrück, Leipzig, Magdeburg, Norddeich (Mole), Rastede und Wilhelmshaven.

Mit dem Flugzeug Oldenburg ist am nächsten dran am Flughafen Bremen. Mietwagen sowie Taxis der Stadt bieten teils spezielle Tarife für die Transfers.

INFORMATION

Tourist-Information Oldenburg Hier gibt's Beratung, allerlei Tipps und Vermittlung für die Wahl der richtigen Unterkunft. Schloßplatz 16 • Tel.: (0441) 36 16 13 66 • www.oldenburg-tourist.de • Mo.–Fr. 9.30–18 Uhr, Sa. 9.30–16 Uhr

◀ Innovativ: das Schlaue Haus

STADT OLDENBURG

Die Oldenburger Stadtverwaltung ist über die ganze Stadt verteilt. Mit Auskünften aller Art hilft telefonisch das ServiceCenter weiter. Zu erreichen ist es von Montag bis Freitag zwischen 7 und 18 Uhr unter Tel. (0441) 2 35 44 44. Zu empfehlen ist außerdem der städtische Internetauftritt unter www.oldenburg.de, speziell für Kinder unter www.kinder.oldenburg.de.

FAHRRADVERLEIH

Fahrradzentrum Oldenburg Auch Reparatur und Verkauf. Bahnhofsplatz 14 • Tel.: (0441) 2 18 82 50 • www.fahrradstation-oldenburg.de

MOBILITÄT

Hauptbahnhof Bahnhofsplatz • 358 Plätze Park & Rail • DB-Reisezentrum Mo.–Fr. 7–19 Uhr, Sa. 8–16 Uhr, So 9–18 Uhr

Nahverkehr VWG (Verkehr und Wasser GmbH) Infos, Fahrpläne, Tickets: Mobilitätszentrale am Lappan • Staulinie 1 • Tel.: (0441) 9 36 61 49 • Mo.–Fr. 9–18 Uhr, Sa. 10–14 Uhr und im Info-Center am ZOB • Willy-Brandt-Platz 3 • Tel.: (0441) 9 36 62 55 • Mo.–Fr. 7–18 Uhr, Sa. 9–13 Uhr • www.vwg.de

Weser-Ems-Bus Werrastraße 13 • Tel.: (04 41) 92 59 25 • www.weser-ems-bus.de • Mo. –Fr. 7–17 Uhr

Busbahnhof Der Zentrale Omnibusbahnhof (ZOB) befindet sich am Nordausgang des Hauptbahnhofes.

Parken Zahlreiche Parkhäuser und Parkplätze sind insbesondere in der Nähe des Wallrings um die Fußgängerzone herum sehr gut durch das Parkleitsystem der Stadt ausgeschildert.

Taxi Luftibus-Flughafentransfer, Tel.: (04 41) 8 11 14 • Die Schwarzen, Tel.: (04 41) 3 06 30 • Taxi Funkmietwagen, Tel.: (04 41) 8 11 11 und Tel.: (04 41) 4 40 00 • Taxiring, Tel.: (04 41) 22 55 • Weitere auf www.gelbeseiten.de/taxi/oldenburg

MEDIEN

City News Stadtmagazin • Tel.: (04 41) 21 71 50 • www.citynews24.de

Diabolo & MOX Stadtzeitung und Veranstaltungsmagazin • Tel.: (04 41) 21 83 50 • www.diabolo-mox.de

Hunte Report Wochenzeitung • Tel.: (04 41) 9 24 20 • www.huntereport.de

NDR Studio Oldenburg Tel.: (04 41) 9 70 50 • www.ndr.de

Nordwest-Zeitung Tageszeitung und Lokal-TV • Tel.: (04 41) 99 88 01 • www.nwzonline.de

oldenburg eins Lokalsender • Tel.: (04 41) 2 18 88-10 • www.oeins.de

Oldenburger Lokalteil Onlinemagazin • www.oldenburger-lokalteil.de

radio ffn – Studio Oldenburg Tel.: (04 41) 1 37 88 • www.ffn.de

Schlossallee Lifestylemagazin • www.schlossallee.com

Sonntagszeitung Wochenzeitung • Tel.: (04 41) 8 00 40 • www.die-sonntagszeitungen.de

BARRIEREFREIHEIT

Dieser Reiseführer weist durch seine Symbole auf einen barrierefreien Zugang hin. Die Symbolik beruht auf Selbstauskunft der Empfohlenen.
Bahnhof wie Busbahnhof sind barrierefrei, die Stadtbusse und ihre Haltestellen sind es ebenfalls, die Linien der Weser-Ems-Bus teilweise (bitte nachfragen). Spezialräder zum Ausleihen bietet die Fahrradzentrale an.

Barrierefreie öffentliche Toiletten Pferdemarkt (24 h) • City Center Oldenburg, Heiligengeiststraße 4–8 (9–20 Uhr) • Waffenplatz, Wallstraße 14 (24 h) • Hauptbahnhof (Mo.–Sa. 4–1.30 Uhr, So. 5–1.30 Uhr) – alle mit Euroschlüssel • Neues Rathaus/Bürgeramt, Pferdemarkt 14, Schlüssel an der Information (Mo.–Mi. 8–15.30 Uhr, Do. 8–18 Uhr, Fr. 8–12 Uhr) • Schlaues Haus, Schloßplatz 16 (Mo.–Fr. 9.30–18 Uhr, Sa. 9.30–16 Uhr).

BARRIEREFREIHEIT

- Gehbehinderte
- Rollstuhlfahrer

REGISTER

ORTSREGISTER

PERSONENREGISTER

DANKESCHÖN

Die Autoren und der Verlag bedanken sich bei all den freundlichen Menschen aus Oldenburg und Umgebung, die durch ihre Anregungen und Hinweise zu diesem Reiseführer beigetragen haben.

DIE AUTOREN

Marco Sagurna (geboren 1961 in Wiesbaden) lebt als Journalist und Autor in Hannover. Mehr als zehn Jahre lang arbeitete er als Redakteur bei niedersächsischen Tageszeitungen. In den Jahren 2007 bis 2010 leitete er das Pressebüro der Stadt Oldenburg.

Dr. Jörgen Welp (geboren 1963 in Oldenburg) lebt in Oldenburg. In Tübingen und Heidelberg studierte er Klassische Archäologie, Alte Geschichte sowie Vor-/Ur- und Frühgeschichte. Beruflich ist er bei der Oldenburgischen Landschaft für die Gästeführerfortbildung und den Bereich Kulturtourismus zuständig. Und selbst ist er ebenfalls als Gästeführer in Oldenburg wie in der Region unterwegs.

ABBILDUNGSNACHWEIS

Fotos: Hans-Jürgen Zietz, Oldenburg

S. 63: Fabian Speckmann

S. 98, 106, 118, 123, 127: Marco Sagurna

S. 100: Olaf Klee – Fotolia.com

S. 102: Oldenburg: Vogelschauplan von Osten, Kupferstich, 1647 (Merian, Matthäus), Quelle: Wikimedia Commons, Verwendung unter Gemeinfreiheit.

Der Verlag und die Autoren freuen sich über Ihre Hinweise:
info@mitteldeutscherverlag.de

Redaktionsschluss: 15. Januar 2016

Karten: Kartographisches Büro Margot Engel (www.karten-graf.de)

Gesamtherstellung: Mitteldeutscher Verlag, Halle (Saale)

ISBN 978-3-95462-012-8

Printed in the EU